海上丝绸之路研究项目

『十三五』国家重点图书出版规划项目

东帝汶史纲

刘新生 著

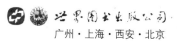世界图书出版公司

广州·上海·西安·北京

图书在版编目（CIP）数据

东帝汶史纲 / 刘新生著. —广州：世界图书出版
广东有限公司，2019.2
ISBN 978-7-5192-5465-0

Ⅰ．①东… Ⅱ．①刘… Ⅲ．①东帝汶—历史 Ⅳ.
①K346

中国版本图书馆CIP数据核字（2018）第284384号

书　　名	东帝汶史纲	
	DONGDIWEN SHIGANG	
著　　者	刘新生	
责任编辑	程　静	
装帧设计	书窗设计	
责任技编	刘上锦	
出版发行	世界图书出版广东有限公司	
地　　址	广州市新港西路大江冲25号	
邮　　编	510300	
电　　话	020-84451969　84453623　84184026　84459579	
网　　址	http://www.gdst.com.cn	
邮　　箱	wpc_gdst@163.com	
经　　销	各地新华书店	
印　　刷	广州市迪桦彩印有限公司	
开　　本	787mm×1092mm　1/16	
印　　张	11	
字　　数	180千	
版　　次	2019年2月第1版　2019年2月第1次印刷	
国际书号	ISBN 978-7-5192-5465-0	
定　　价	45.00元	

总　序

2014年4月，中国出版集团下属的世界图书出版广东有限公司与北京大学东南亚学研究中心联合召开了东南亚各国历史编辑出版会议，决定于2015—2016年编撰、出版《东南亚各国史纲》。出版公司和作者们一致同意，《东南亚各国史纲》按东南亚国别独立成册，共11册，内容涵盖东南亚各国古代、近代和现当代的历史发展沿革及社会、经济、文化、军事和对外关系等方面，要求在前人研究和已出版的东南亚国别史的基础上，吸纳国内外史学界的新成果，力求撰成一套有研究性的学术著作和高等学校东南亚教学的重要参考书。

一

在迈入21世纪的新形势下，思考周边问题，研究周边国家的历史，是具有重要学术研究价值和富有现实意义的前瞻性课题。东南亚地域辽阔，岛屿众多，总面积达457万平方公里，人口约5.6亿，它由中南半岛和马来群岛两大部分组成，共11个国家，包括越南、柬埔寨、老挝、缅甸、泰国、马来西亚、新加坡、印度尼西亚、菲律宾、文莱和东帝汶。东南亚地处东西方文化交汇和传播的十字路口，是"海上丝绸之路"的必经之地，受到中国、印度、伊斯兰文明，以及西方文明的影响。它是一个历史悠久，文化多元的地区，在世界文明的历史舞台上，占有至关重要的地位。

位于亚洲东南部的东南亚，既是我国的周边近邻，与我国有地缘上的特殊关联，又大都是发展中国家，与我国有着许多共同利益。毗邻中国，地处"海上丝绸之路"必经航线上的东南亚，以其独特区位优势，成为当前我国实现"一带一路"战略的第一站。研究和出版东南亚国家的历史，总结中国与东南亚国家关系发展的历史经验，对增进我国与东南亚国家的友好关系，促进当代亚洲共同体和21世纪海上丝绸之路的建设有着至关重要的意义。

东南亚（Southeast Asia）作为一个地理区域的名称，始于第二次世界大战时期。东南亚地区是一个独立的人文地理单元，东南亚各国既在政治、经济、社会、文化诸领域存在密切的联系，又在民族、语言、历史、宗教和文化等方面各具特色。第二次世界大战后，东南亚更演变成为一个重要的战略区域，东南亚研究因此作为一门相对独立的学科日益繁荣兴盛。

当代东南亚研究的显著特征是，学者们既将东南亚作为一个整体开展综合性的全面系统研究，又对东南亚各国的发展进行深入剖析，取得了前所未有的成就。当前，东南亚研究受到各国学术界的广泛重视，不但欧美国家重视东南亚研究，邻近东南亚的中国、日本，就连澳大利亚等国也十分重视东南亚研究，尤为重要的是东南亚本地区的研究蒸蒸日上，这是东南亚研究蓬勃发展的重要标志。

中国与东南亚国家是山水相连、唇齿相依的近邻，中国历来有研究亚洲周边各邻国，包括东南亚国家的优良传统；自古以来，中国就有治史的传统，并建有机构，形成一定的制度。中国历代保存下来的古籍无比珍贵，堪称研究东南亚历史、地理、民族、经贸、宗教与文化发展的"无价之宝"，备受国际学术界的赞赏和重视。

中国的东南亚研究是国际东南亚学的一个重要部分。近代以来，建立在科学理论与方法基础上的中国东南亚研究发展到一个新的阶段。在中国的地区与国别的研究中，东南亚和东南亚国家研究一直是一个富有研究传统，基础较好，力量较强，而且成果较多的领域。

中国老一辈的学者善于利用中国丰富的古籍资源进行考证，或是利用他们掌握的中外语言工具，将西方学者的研究翻译成汉文，介绍到国内来，他们所撰写的中外关系史、海外交通史等著述，以中国的汉学为依托，充分发挥了自己的优势，补学术领域之空白，在国际学术界占有了一席重要的地位。在老一辈学者的带领下，中国的东南亚研究已颇具规模并拥有了一支精干且颇有水平的学术队伍。改革开放以来，伴随全球化、区域一体化的发展，和对周边国家文明的源流与发展研究的关注，中国东南亚学界在东南亚史的研究方面又取得一些引人瞩目的进展，如东南亚地区史和菲律宾、缅甸、泰国、越南、柬埔寨、老挝等一些东南亚国别史著作的出版，泰族、壮族等跨境民族起源的开拓性研究，中国东南亚文化交流史、华人华侨史、殖民主义史和东南亚经济、政治和国际关系史的撰写，中国古籍中有关东南亚国家史料的整理，以及相关外国名著翻译等，都是东南亚研究领域的重要成果，对中国东南亚的教学、研究与出版事业的发展都作出了重大贡献。

但我们也看到，在中国东南亚史学研究方面仍存在不少问题。一是，近些年来，史学研究作为中国人文社会科学研究的支柱之一，未获得足够的重视，尤其是古代史研究受到冷遇，出现轻视历史研究的倾向；二是中小国家的研究也未能受到应有的关注，中小发展中国家的研究，问津者甚少，甚至后继乏人。这是值得我们注意的问题。在当代东南亚现状的跟踪与研究的热潮中，历史研究往往处于边缘化状态。中国东南亚地区通史和国别史的研究成果并不多，全面系统的高水平研究著作尤其缺乏。进入21世纪以来，由我国学者编撰的东南亚地区通史仅有一部，东南亚古代或现代地区史著作也寥寥无几，东南亚的国别史大多还是20世纪出版的，有的国家只有通俗性的简史。这种状况与我国现今的国际地位和我国与东南亚国家关系的飞跃发展的形势很不协调。

在2014年10月中央召开的周边外交工作座谈会上，习近平主席强调指出，我国周边外交的基本方针，就是坚持与邻为善、以邻为伴，坚持睦邻、安邻、富邻，突出体现亲、诚、惠、容的理念。发展同周边国家睦邻友好关系是我国周边外交的一贯方针。要诚心诚意对待周边国家，争取更多朋友和伙伴。要本着互惠互利的原则同周边国家开展合作，编织更加紧密的共同利益网络，把双方利益融合提升到更高水平，让周边国家得益于我国发展，使我国也从周边国家共同发展中获得裨益和助力。为了推动我国对东南亚周边国家历史研究的全面而持续的发展，中国出版集团世界图书出版广东有限公司与北京大学东南亚学研究中心合作，邀请研究东南亚历史文化的专家学者，采取"老、中、青"三结合方式，集体协作，共同编著《东南亚各国史纲》。这是适应我国重视和大力发展同周边国家睦邻友好关系的一项重要出版措施。

二

本丛书编委会认为，《东南亚各国史纲》是一套系统全面又有重点地阐明东南亚各国社会历史发展演进全过程的学术著作。全书以唯物史观为指导，从客观的历史实际出发，采取分国独立撰著的方式，阐述东南亚各国从远古史前社会起始，经历古代、近代、现当代各个历史时期社会的发展演变，内容涵盖政治、经济、宗教、文化和国际关系等诸多方面，同时对历史发展的基本轨迹和特征，以及重大历史事件、重要历史人物作客观的阐释和评析。

《东南亚各国史纲》力求做到史论结合、综合论述与个案剖析相结合，既要吸纳前辈学者的成果，发扬既有的优势，还必须更多地利用国外的文献资料，特别是东南亚国家的文献资料，包括考古发掘和碑铭等原始资料，并通过集体的协作，取长补短地开展有组织的研究。为贯彻"一致性"与"多样性"相结合的原则，《东南亚各国史纲》各册既有大体一致的结构和体例，同时根据各国的具体情况，在篇幅、分期、资料和内容等方面，有自主多样的选择和不同的风格与特色。

在研讨全球化史观与理论时，学者指出，中国的世界史研究者应在全球史观的基础上不断进行修正和补充，加入中国与当代特色，以建构中国的全球史研究体系与理论，研究应从宏观和微观两个方面相互促进。从宏观方面，应以更广阔的全球眼光作为视域；微观方面，应重视对国别史、地区史的研究，修正世界史研究中欧洲中心主义的弊端。我们认为，加强东南亚国别史研究对建构中国的全球史研究体系与理论，将具有学术价值和理论方面的积极贡献。

为此，首先，须从全球视野和区域史的框架出发，开展理论建设，将东南亚视为一个既有密切联系，又具有多样性发展的地区进行研讨。东南亚国家都是多民族的国家，宗教信仰和文化发展的多元性是突出的特征。在史学研究领域，我们应有一种开放性的心态，从东南亚的历史实际出发，努力探索东南亚历史发展的不平衡性与多样性，而不要囿于过去研究的思维定势、传统的方法与模式，要避免以往按王朝体系撰写历史的偏向。

第二，与此同时，应将东南亚的历史与文化结合起来进行研究，以历史发展为基本脉络，与文化发展密切结合起来，在论述东南亚国家的经济、政治与社会发展的同时，对东南亚的文化，包括宗教的发展作必要的阐述，这样才能较为全面系统地勾画出东南亚国家社会发展的全貌。东南亚国家的文化发展灿烂辉煌，又各具特色，东南亚与中国、印度和外部世界的文化交流频繁而多样。在撰写历史发展进程时增加文化发展和文化交流的内容，将使研究更加丰富多彩。

第三，东南亚国家是与中国接触很早，与中国有悠久的历史关系的近邻，中国文化与包括东南亚国家的亚洲的文化相互关联又各具特色；中国文化对东南亚国家的文化产生过深刻的影响，而东南亚国家的文化对中国文化的丰富和发展也作出了宝贵的贡献，研究要坚持文化传播的双向性与互动性，尽力反映东南亚国家各民族的历史发展与所作出的宝贵贡献。

中国学者研究东南亚历史与文化问题，或出版这方面的著作，必然要体现中国的特色。针对长期影响东南亚研究的"欧洲中心论"而言，提出撰写有中国特色的东南亚史的要求是必要的。从中国的视角考察，并充分利用中国的史籍是十分重要的，但在东南亚各国历史与文化发展进程中，中国对东南亚究竟产生了什么影响？如何客观地评价历史上中国与东南亚国家之间的关系等等，都是我们应重新研讨的重要问题。

参加《东南亚各国史纲》编撰的专家学者大都曾长期从事东南亚历史、语言、文化的教学与研究，并曾在国外留学、访问、考察或担负外交工作，与国外学术界，包括东南亚国家的学者有密切的联系，在努力吸纳中外学者研究成果的基础上，利用掌握相关国家语言的有利条件，运用了对象国家的原始文献资料写作，是本丛书的一个重要特色。

三

《东南亚各国史纲》是由中国出版集团世界图书出版广东有限公司倡议，并获得北京大学东南亚学研究中心的学术支持与合作。参加编著的作者来自厦门大学南洋研究院，中山大学国际关系学院，广东外语外贸大学东方语言文化学院、东南亚研究所，广西民族大学东南亚语言文化学院、东盟学院，云南大学国际关系学院，北京大学外国语学院、国际关系学院、历史学系和外交部中国国际问题研究基金会等高等院校与学术机构，《马来西亚史纲》还特邀华人学者参编。本丛书的编著出版是一项集思广益、集体协作的文化工程。

编撰一套具有独特视角和富有特色的《东南亚各国史纲》，并非易事。本丛书是作者们合作编撰历史著作的又一次学术探索与尝试，由于学术水平与时间有限，难免有疏漏不当之处，诚望获得同行专家和广大读者的教正。

在本丛书编著出版过程中，获得各方面领导和朋友们的诸多帮助，世界图书出版广东有限公司卢家彬副总经理、刘正武总经理助理和程静编辑给予了大力支持，付出了辛勤劳动；美国康德公司基金会董事会执行董事长王立礼先生对本丛书出版给予了慷慨的捐赠与赞助，作者们谨致诚挚的谢忱！

《东南亚各国史纲》编委会

2016年12月20日

目　录

东帝汶专有名词英文缩写

ABRI：印尼共和国武装部队

APODETI：帝汶普及民主协会

ASDT：帝汶社会民主协会

CAVR：真相与和解委员会

CNT：帝汶全国联盟

CNRM：东帝汶人民全国抵抗大会

CNRT：帝汶抵抗民族委员会

ETAN：东帝汶行动网络

ETTA：帝汶过渡行政部门

FALINTIL：东帝汶民族解放武装力量

FDTL：东帝汶国防军

FRELIMO：莫桑比克解放阵线

FRETILIN：东帝汶独立解放阵线

INTERFET：维和部队

MPLA：安哥拉人民解放运动

KOTA：东帝汶英雄协会

NC：国家议会

NCC：全国协商委员会

PGET：东帝汶临时政府

PNT：帝汶民族主义者政党

PAIGC：几内亚和佛得角非洲独立党

PD：民主党

PSD：社会民主党

UDT：帝汶民主联盟

UNAMET：联合国驻东帝汶特派团

UNMISET：民警和文职官员组成的支助团

UNMIT：联合公报综合特派团

UNTAET：联合国东帝汶过度行政当局

UNOTIL：联合国东帝汶办事处

VOC：东印度公司

导　论

第一节　东帝汶的地理环境和社会经济

帝汶岛位于南纬8度50分，东经125度55分，努沙登加拉群岛（小巽他群岛）的最东端。努沙登加拉群岛，以及菲律宾群岛、大小巽他群岛和摩鹿加群岛，即中国人称的南洋群岛，又称东印度群岛或马来群岛。努沙登加拉群岛是马六甲海峡向东南方向自然延伸的两条岛弧，向北是南中国海的边缘，向南拱卫澳大利亚大陆。帝汶岛形似一柄短剑，剑锋向南面对印度洋的安汶海，向北嵌入太平洋的班达海和韦塔海峡。岛的中部一分为二，东面是东帝汶，西面是属于印尼的西帝汶。东帝汶国土狭长，东西方向横卧，另包括阿陶罗岛（Atauro）、杰科岛（Jaco）以及西帝汶境内的欧库西（Oecussi）飞地，国土面积约1.5万平方千米，海岸线长度为706千米。与印尼接壤边界线长为228千米，是整个帝汶岛南北方向最宽的地方。两国的分界线是历史形成的，并不是依照地形划分，曲曲折折成"几"字形。

一、地形

地质学上，南洋群岛大部分处于构成亚洲南缘的造山地带，为喜马拉雅造山带的一部分，至今仍然活跃。这一活跃的造山带，西起苏门答腊，向东延伸至爪哇、巴厘、帝汶等岛，然后绕过班达海，转向西经过苏拉威西，再向北推进至菲律宾。沿线形成一个曲折不断的大岛弧，弧上多火山，弧外为海沟，弧下是地震带，是亚欧、印澳、太平洋三大板块交汇之处，地质状况极其复杂。诸岛均有丰富的矿产和石油资源，也正是由于其复杂的地质背景所致。帝汶岛被澳洲大陆和岛链环绕居中，虽然身处大洋，却绝少被台风、海啸等灾害光顾。唯地震频发。

东帝汶境内多山。从飞机上俯瞰，状似缠着一圈腰带的群山。腰带是加粗的海岸线，由沙滩和少量平原组成，东帝汶主要的城市和聚居区就点缀其上。群山之间散布大大小小的谷地，多数是山涧溪流形成的冲积平原，也是重要的居住地。

山体由沉积岩构成，多质地疏松，一经雨水冲刷，往往形成滑坡。在很多地方可以看见滑坡后裸露的大片石壁，有的长达上百米，蔚为壮观。而这种地质构造也导致境内道路普遍受到飞石、滑坡、塌方的威胁，常常中断。海岸边的情形有所不同，多数岩石是火山岩浆冷却凝固形成的火山岩和珊瑚石化形成的珊瑚岩，结构相对稳定。

帝汶岛的地质年龄很年轻，地质构造还处于形成过程中，因此，全岛地貌崎岖不平，陡峭的峡谷随处可见。岛中央隆起形成中央山脊，再与岛主轴平行形成一系列分支山脉，直抵海岸。在岛的北部，山脉自然向海滨延伸或直插入海；而在南部，则与海岸保持相当距离，为冲积平原的形成留下了空间。岛的东端，地质破碎程度较轻，但极不平均，时有峭壁插入。东帝汶西部，拉美拉乌（Rameiau）山脉拥有全岛的最高峰——海拔2 936米的塔塔马依拉乌峰（Foho Tatamailau）。东北部分布着一系列海拔超过2 000米的山峰，包括传说是死灵魂集聚的卡巴拉克（Cabiac）山。位于西帝汶的飞地欧库西地貌也极不平坦且不规则。在东帝汶的西北角，有明显的火山结构特征，包括位于边界的海拔1561米的尼巴勒峰（Nipane Peak），外岛阿陶罗岛则完全是一座火山岛。

东帝汶地势较为平坦的地方主要集中在东部。最东部的弗依洛若高地（The Plateau of Fuiloro）是最大的平原。其海拔向南逐渐下降，由700米降至500米，但因为区域宽阔，下降坡度不易觉察。这片平地主要由巨大的珊瑚岩构成。它周围还有3片平地环绕：北部的纳依（Nari），中部偏西的罗斯帕罗斯（Lospalos）和南部的勒勒（Rere）。岛北部还有一些平地，面积略小。较大的一处位于包考（Baucau），该地建有机场，另一处位于拉噶（Laga）。

它们均由珊瑚岩形成。珊瑚岩构成的平原，土地贫瘠，不适合耕种，往往荒草丛生，仅可作为牧场，颇有些名气的帝汶矮种马就在此繁衍生息。另外，劳顿（Lautem）和包考之间还分布着一些冲积平原。其他还有一些面积更小的平原地区，如马纳笃笃（Manatuto）和帝力（Dili）。南海岸地势徐缓，有大片的平原型地貌，起自维格格（Viqueque），即便是最狭窄处的洛勒（Lore）也比北部的平原宽大。其中最重要的是阿拉斯（Alas），有南拉克罗河（South Laclo Stream）流经。

中央山脊是全岛地表水的水源地，因为山势陡峭，水流顺势冲下，形成岛中部密布的水网。但是，和其他岛屿一样，地域狭窄且地表崎岖，水流无法汇聚成河流，仅为蜿蜒细流，流程短而河道经常变换，使岛内大部分时间备受干旱折磨。雨季时，一次暴雨溪流又往往迅速形成齐腰深的山洪，山石泥沙裹挟而下，冲毁道路阻绝交通。山洪的冲击令河道不断拓宽，而雨一停止，水流又急速减少，宽大的河床上只剩下涓涓细流。随着澳大利亚干燥季风返回，溪流进一步萎缩，乃至枯竭。如此年复一年，河道不断加宽，甚至损毁道路和建筑，使得本来已经崎岖的地貌更加支离破碎。在南部平原地区，降雨周期相对较长（所谓D型气候），河流相对稳定，终年水流相对恒定，但因强大的海潮作用，河口往往泥沙淤滞，形成大片沼泽，是鱼虾、鳄鱼、蛇等动物的栖息地。南拉克罗河（South Laclo Stream）流域是东帝汶最大的河流区域和最长的河流（80千米），在马纳笃笃入海。

东帝汶海滨地区地质复杂。在南海岸，地势虽平坦，但河口地带淤沙成堤，将岸与海隔开，不适于船舶停靠；其海岸所面对的印度洋，风急浪高海潮汹涌，土著人称其为男人海（man sea，德顿语①：Taci-Mane），船只航行困难；另有与海岸线平行的狭窄而深的帝汶海沟（最大深度达到3 200米）。帝汶海沟的南面是澳大利亚大陆的沙尤大陆架（Sahul Shelf），延伸越过两国间海域的中线。因沙尤大陆架距海面较浅，蕴含丰富的油气资源，两国为此段海上边界的划分龃龉不断，经年不决。

而北海岸，陆地多陡直插入海中，边缘十分粗糙，很难找到适宜作为港口的地方；海岸朝向太平洋，水势平缓，土著人称其为女人海（woman sea，德顿语：Tace-Feto），但海水深度离开海岸后迅速增加，离岸5英里处水深已经超过1 000米；帝汶岛北面有翁拜海峡（Ombai Straits）和韦塔海峡（Wetar Straits），是重要的海上通道。冷战时期，美国核潜艇经常出入这里，而这里的水深保证了其隐蔽性。

东帝汶最适宜作为港口的地点只有首都帝力，珊瑚礁岩缓冲了地形的劣势，形成两个天然出入通道。另外，包考和欧库西也可作为吃水较浅的港口，但后者容易受到西北季风的影响。南海岸基本上没有适宜的地点作为港口。

二、气候

东帝汶大部分地区属于热带雨林气候，部分平原和谷地为热带草原气候，年平均气温26℃，年平均湿度在70%～80%之间。不过这是平均数据，当地居民主

---

① 德顿语是东帝汶的官方语言，使用人口70多万，属于南岛语系。

要居住的北海岸气温要高很多，终年炎热。不过，一旦进入山地，气温就明显降低，阴冷潮湿，即便是天空中烈日当顶，仍不免阵阵寒意。当地风湿性疾病流行，患者多为山民，与这种气候应该有直接的关系。

东帝汶只分雨季和旱季，雨季与旱季的划分依地区有所差别。以北部为例，每年5月至11月为旱季，12月至翌年5月为雨季。年平均降水量1 200毫米～1 500毫米，大致为中部降雨最多，其次是南部，北部较少。雨季时，每天午后总是雷声阵阵，忽然间阴云密布，然后一场瓢泼大雨，持续十分钟左右，继而云开雾散，又是艳阳高照，晴空万里。不过，近年来，雨季的这种规律有所改变，阴雨数日或彻夜滂沱也不罕见。而到了旱季，则数周数月无雨，草木尽黄，满眼枯枝败叶，一番肃杀的景象。

由于周围岛屿陆地的阻隔，强对流气候难以逾越，东帝汶基本上没有灾害性气候的发生，即便是1992年印尼大海啸也未波及至此。只是由于当地基础设施极端落后与匮乏，疏排水管道严重不足，一场大雨往往泽国一片。东部地区受遮蔽较少，大风天较多。

三、部族

目前东帝汶人口约118万（2013年）。据统计，东帝汶的出生率在2005年达5.4%，2007—2010年为3.2%，位居世界前茅，是世界上人口增长较快的国家。据联合国统计，东帝汶人主要是土著人，约占总人口的78%；其次是印尼人，约占总人口的20%；另有约2%的华人或华裔。据研究认为，帝汶岛居民是由三次大的移民活动形成的，最早的人类活动可以追溯到公元前40 000年到公元前20 000年间，这些居民可能来自澳大利亚。大约在公元前3 000年，美拉尼西亚人来到帝汶岛，形成第二次移民潮。随后到来的是马来人。随马来人而来的有客家商人，其中一些人逐渐在这里定居，是岛上最早的华人。美拉尼西亚在希腊语中的意思为"黑人群岛"，正是他们的黑人血统与马来人的黄种人血统的混合，形成了现在的帝汶岛土著人。[1]因为混血来源和程度的不同，土著人还曾被进一步划分为原生马来人、次生马来人、吠陀——南岛人和美拉尼西亚人，其中原生马来人的比例最高。

---

[1] 不同的资料对帝汶岛土著人的血统描述不一，这里采用的是最普遍的说法。

东帝汶土著人是直接从石器时代走进近现代社会的。由于东帝汶境内多山地貌，地形复杂，交通阻隔，所以尽管是弹丸小岛，却部族林立，而不是外界想当然地以为属于同一个民族，最明显的就是西部居民和东部居民之间根深蒂固的矛盾。国内有资料如鲁虎先生在《试论东帝汶民族的形成》中称，"西部部族称为'卡拉迪'（Caladi），被殖民的历史较早，大土地所有制发达，自认为更开化，有优越感。东部部族称为'斐拉考'（Firaco），其居住地大部分为部落土地，他们受外来影响较小，在西部人看来更野蛮好斗"。这种说法根据何在不得而知，不过东帝汶东西部居民之间的确存在不少的差异，如语言就完全不同，相互间连沟通也很困难，生活条件和生活习惯也迥异。东部居民与西部居民之间由来已久的矛盾，有时还会以尖锐的形式出现，如2006年的大骚乱。东帝汶人要融合为同一个民族的道路还很漫长。

四、宗教

当地居民90%以上信仰罗马天主教，是亚洲的两个天主教国家之一（另一个是菲律宾）。全国分为帝力和包考两个教区，另有少量基督教新教、伊斯兰教、佛教信众。东帝汶居民的信仰格局有深刻的历史背景。1556年，天主教传入帝汶，此后约100年的时间里，传教士苦心经营，传教据点慢慢扩大至上百个。尽管如此，当时东帝汶为势力强大的各个部族所控制，原始多神教始终排在各种信仰的首位。直至葡萄牙殖民结束的20世纪70年代中期，天主教的信徒仍不过占总人口的30%左右，而此时，天主教在东帝汶的传播时间已经长达400多年。天主教最后压倒性崛起，缘于印尼入侵。印尼统治东帝汶期间，根据"五项基本原则"（简称"潘查希拉"，Pancasila），^①强迫东帝汶人放弃土著多神信仰而信仰单一神宗教。当地人抗拒伊斯兰化，便纷纷加入天主教会；另外抵抗组织为躲避占领当局的追捕，并利用教会网络进行联络，也加入天主教会。在印尼统治的20多年时间里，东帝汶教会空前壮大，最后成为谋求独立的一支重要力量，也奠定了今天天主教无上的地位。

基督教新教和伊斯兰教的信徒在总人口中分别占3%和5%，是它们在东南亚

---

① 建国"五项基本原则"最初是1945年6月1日苏加诺在"独立筹备委员会"会议上发表演说时提出来的，即印尼建国的"五个基础"：民族主义、国际主义、协商一致、共同繁荣、信仰神道。

传播的自然延续。随着东帝汶与东南亚国家之间的人员交流流传进入，但是信众一直有限。还有少量印度教和佛教信徒。关于佛教，东帝汶基本没有传播，所谓的佛教信徒其实专指当地华人。印尼统治时期，见华人在当地关帝庙礼拜祭祀，便想当然的认为是佛教，故而有所谓佛教协会管理关帝庙的奇怪现象。以后以讹传讹，也无人纠正。

五、社会经济

东帝汶是亚太地区最贫穷的国家之一，独立后经济发展较有起色。2010年联合国人类发展报告分析了169个国家和地区发展情况，东帝汶排名120位，较5年前提高了11位。根据其在发展项目上的表现，联合国已经将其原来发展不力的评分上调为适度发展。除了2006年因为内乱出现经济衰退，2007—2010年平均国内生产总值（GDP）增速为9.9%，2011年GDP的增长为8.2%。2012年通胀率为6%，2013年保持不变。之前试图了解东帝汶经济时，总看到失业率超过20%，日均收入不足1.25美元的人口超过50%，文盲率超过50%等负面的信息，相比之下，现在的情况已经有所改善。

造成东帝汶经济窘困的原因很复杂。直接原因是印尼撤离时，印尼士兵和亲印尼本地民兵摧毁了70%的经济基础设施；而在印尼统治期间，20万东帝汶人失去了生命，超过50万人沦为难民，社会经济遭到惨重打击。而更深层的原因应是源于葡萄牙殖民时代。葡萄牙人占据东帝汶长达400余年。期间，他们对于东帝汶只有一个兴趣，就是檀香木。檀香木资源逐渐枯竭之后开始引种咖啡，檀香木和咖啡的出口成为东帝汶主要的经济活动。至于其他，发展葡萄牙人则根本没有兴趣，对东帝汶包括基础设施在内的各项建设的投入更加少得可怜。可以说，长期的殖民统治是东帝汶今天积贫积弱的最根本原因。第二次世界大战期间，东帝汶被日本短暂占领，盟军在此与之进行了一年多时间的直接对抗，一时间东帝汶硝烟四起，万民涂炭，仅有的建设也沦为一片焦土。尽管印尼在统治期间也为东帝汶的经济建设进行了一定规模的投入，但是其造成的破坏更大。纵观东帝汶的历史，没有一个时期是全力在进行建设与发展的，特别是20世纪70年代以来，葡萄牙弃之如敝屣一走了之，东帝汶随即陷入连年战乱，至今局势危如累卵，繁荣与富足只能是一个"the most impossible dream"（天方夜谭）①。

时至今日，东帝汶仍然没有建立起经济发展所必需的基础设施，如交通、通讯、能源等框架体系，甚至不能提供清洁用水。全国没有制造业，所有工业产品完全依赖进口。仅有的为数不多的加工业也只停留在手工作坊水平。一般将东帝汶经济视为农业经济，将全国90%的人口划为农业人口，而实际上，东帝汶根本没有成规模的农业，粮食完全不能自给，农产品包括玉米、稻谷、薯类等，数量十分有限且品质欠佳。种植业是东帝汶唯一的骄傲。目前，咖啡是最大宗的出口产品，占全部出口额的90%。东帝汶四面环海，却没有真正意义上的渔业，仅有岸边的一些捕捞。再加上政府行政能力有限，外资投入增长缓慢，在世界银行的评估报告中，东帝汶列183个国家中的第164位。

印尼统治前，东帝汶土著人不使用货币，货币只在外来人群中使用，外来人群又各自使用本国的货币，一时间五花八门的货币在东帝汶都可以看到，蔚为奇观。直到20世纪中期，铭刻大清通宝的铜钱仍在东帝汶流通，其时大清王朝早已经寿终正寝，它的货币还在世界的一个角落里继续使用，使人不免作"不知有汉，无论魏晋"之慨。印尼撤离后，自2000年1月起，美元成为东帝汶的正式货币。2003年，东帝汶政府发行了面值1分、5分、10分、25分、50分的本国货币，与美元等值，以方便小额交易。

东帝汶主要矿藏有金、锰、铬、锡、铜等。帝汶海石油和天然气资源富集，迄今已发现44块油田，探明石油储量约1.87亿吨（约50亿桶），天然气储量约7 000亿立方米。其中，石油是东帝汶真正的经济支柱。随着帝汶海探明的石油和天然气储量的不断增加，东帝汶日益成为世界上对石油出口依赖最严重的国家之一。根据东帝汶与澳大利亚签署的协议，自2005年7月7日起位于帝汶海石油共同开发区域（joint petroleum development area，JPDA）的大旭日气田（greater sunrise gas field）的收益双方各得50%，这保证了东帝汶在气田开采期间所获不菲，据说这笔基金目前已经相当可观，2005年7月设立石油基金，截至2014年底，石油基金滚存至约165亿美元。这是最近几年东帝汶经济发展加快最强劲也几乎是唯一的动力。东帝汶政府计划利用这笔基金，开展长期经济建设规划，促

① 时任东帝汶总统、1996年诺贝尔和平奖获得者拉莫斯·奥尔塔称东帝汶独立是"even the most impossible dream became reality!"出自安朴：《檀香与鳄鱼——走进东帝汶》，四川大学出版社，2012年，第8页。

进经济多元化增长，保证可持续发展。

第二节　东帝汶史研究现状

东帝汶是21世纪初获得独立的美丽岛国，风景秀丽，物产富饶。但东帝汶命运多舛，曾被葡萄牙殖民统治400多年，后遭荷兰和英国入侵，第二次世界大战期间被日本占领3年，20世纪70年代中期刚宣布独立旋即被印尼吞并、占领24年，历经磨难才于2002年恢复独立并正式建国。东帝汶通行四种语言以及拥有一块飞地，就是其历史变迁的印证。

在关注和研究东帝汶历史时，会发现大片大片的空白，很难知道这里的人民曾经创造过什么和经历过什么，与其他弱小民族一样，东帝汶的居民没有自己的文字，甚至语言也相当简陋，东帝汶的历史是由别人用其他的语言书写的，很多细节因此湮灭在文化的傲慢和不屑之中。更重要的是，尽管东帝汶或帝汶岛有着悠久的历史，她的人民也曾经共享专属于他们自身的文化和传统，而这些文化与传统还远没有上升到成为一个独立民族凝聚的纽带的高度，即被一次次摧毁，这是直到今天东帝汶人民也很难被定义为一个民族的原因。缺少民族认同和传承，使得东帝汶历史充满矛盾和讹传，最后历史学家们不得不从中撕掉一页又一页。

因为资料稀少而不准确，讲述东帝汶历史时，葡萄牙殖民之前的历史往往被寥寥数语一笔带过，或者干脆不提；而即便是葡萄牙殖民时期，因为葡萄牙人对此毫无热情，历史记录的笔触粗得惊人，所记录也往往是与贸易和战争相关的事件，对土著人的状况和经历则根本视而不见。资料较多的已经是第二次世界大战以后了。

此外，由于东帝汶文字资料匮乏，对于本国历史的记述多数是通过口耳相传的方式延续，迄今没有用自己的语言撰写的成文历史。有关东帝汶的历史多数是由外国人撰写的，其中不乏谬误之处，说法不一，互相矛盾，致使读者莫衷一是。本书对这个问题的处理主要采用多数人认可的说法，这是出于保持全书统一性的考虑，但因此也未能充分展示东帝汶历史和现实的复杂性。

还应该指出的是，尽管今天东帝汶是独立的国家，但是她的历史与帝汶岛以及整个东南亚群岛的历史是密不可分的。东帝汶所走过的历史轨迹，在漫长的历史时期内并不是东帝汶人民自己所能掌控的，它总是与地区乃至世界的历史进程息息相关的。而与地区乃至世界相比，这个弹丸小岛太无足轻重了，因而一次又一次被漫不经心地作为无关痛痒的筹码在大国博弈的台子上被扔来扔去。岛内的风云激荡多半是千万里之外的政治池塘的微澜的结果。从这个意义上说，东帝汶的历史，与其说是这个小小国家的历史，不如说是大航海时代以来的世界历史在这里的投影，或者说是15世纪以来世界列车呼啸而过时在这个羸弱荒芜的站台掀起的一阵扬尘。

东帝汶与中国相距遥远，国土面积（14 874平方千米）与北京市（16 410平方千米）相当；人口118万，仅与北京通州区相当；国内生产总值（GDP）2014年为15.52亿美元；至今中东双边贸易还处在千万美元级别，在动辄以千亿计的中国对外贸易中实在微不足道，且基本上是中国出口到东帝汶。对于这样一个蕞尔小国，似乎不值得花时间和精力去了解，但问题总有它的两面性。东帝汶地处南太平洋岛弧之中，具有重要的战略位置，与东帝汶保持友好关系对于中国进入广阔的太平洋，具有相当的意义。从更大的层面上说，随着中国崛起，"走出去"成为中国企业发展必然的趋势。在这个过程中，让世界了解中国的前提是我们了解世界。了解东帝汶历史后我们会知道：这片小小的疆域，从来都是大国逐鹿的舞台，尤其是最近数十年间，东帝汶航船前行的每一步都少不了大国的推动，看似很小的局部事件，往往折射的是世界棋局的深刻变化。对拓宽我们的国际视野来说，这是一个很好的迷你课堂。另外，即便如东帝汶这样的国家，也有其独特的历史与传统，了解并尊重他们，才会赢得我们期望的对方的了解与尊重。揭开东帝汶的面纱，且算作让我们了解世界的小小一步。

第三节　东帝汶史的分期

东帝汶一直是东南亚研究中被忽略的地区。17世纪后，东帝汶逐渐沦为葡萄牙的殖民地，但不管是在东南亚还是在葡萄牙殖民帝国内部，它都是被遗忘的角落。20世纪70年代中期和90年代末，东帝汶曾两度引起世界的关注。70年代中期，东帝汶兴起民族独立运动，宣布成立共和国，但印尼随后入侵并吞并东帝汶。1999年8月30日，东帝汶在联合国监督下举行全民公决，再次选择了民族独立。除了这一属于第二次世界大战后国际关系领域的东帝汶问题外，东帝汶本身的历史、社会、文化、政治、经济等诸多方面始终未成为独立研究的对象。本节也循例按照殖民前时期、殖民时期、独立运动时期、联合国托管及独立后时期的划分来进行介绍。

殖民前时期

东帝汶历史可以追溯到旧石器时代，距今大约2万至4万年。不过这是考古学家的说法，是根据岛上发现的石器时代的工具和岩画作出的推测，没有别的记载或遗存相佐证。据说，最早在帝汶岛活动的人类，可能是从澳大利亚迁移来的，称为类澳大利亚人。葡萄牙历史学家艾恩·若洛福（Ian Glover）认为是他们将农业生产带到了帝汶岛。公元前3 000年左右，第二批移民自美拉西亚而来，他们与今天生活在巴布亚新几内亚及一些太平洋岛屿上的土著居民十分相似，今天东帝汶马卡萨伊（Makassae）和布兰克（Bunac）地区居民的语言与上述地方十分接近，也说明他们有相同的起源。也许因为东帝汶多山地貌的阻隔，这一批移民并未与先前到来的移民融合，最早到来的类澳大利亚人逐渐撤至山区林地。公元前2 500年左右，来自南中国和印度尼西亚北部的移民来到帝汶岛，人类学上称之为原生马来人，其中的中国移民主要是客家人。这3批移民奠定了帝汶岛居民的基础，经过漫长而复杂的融合过程，最终形成今天的东帝汶土著人。当然这些只是根据考古研究的推测，第一次在人类文字记录中找到帝汶岛是公元13世纪了。目前可见的最早的关于帝汶岛的文字记录是由中国人书写的。公元14世纪时，中国元代人汪大渊在《岛夷志略》[①]里，就曾对"古里地闷"（即帝汶岛）的位置气候、物产、民俗以及中国商人到帝汶进行贸易的情况作过记载。当时帝汶"有酋长"，居民"男女断发，穿木棉短衫，系占城布"，"市所酒肉价廉"，中国商人到那里"以银、铁、碗、西洋丝布、色绢之属为之贸易"。

殖民时期

1520年左右，葡萄牙人入侵帝汶岛。1586年，帝汶岛成为葡萄牙的殖民地和葡萄牙人进行香料贸易的据点。17世纪初叶，荷兰派人到帝汶岛与古邦王缔结

---

① 汪大渊（1311—1350），字焕章，元代民间商人、航海家。元至大四年（1311年）生于江西南昌。曾于元至顺元年（1330年）及元统五年（1337年）两度由泉州出发，航海到海外各国。回国后将出游见闻编写成《岛夷志》，后将《岛夷志》节录为《岛夷志略》刊行。书中记载了超过200个国家，其中99个是作者亲自到过的地方。

条约，并在古邦建立据点。1618年，古邦成为荷兰殖民者的属地，葡萄牙人遂迁移到帝汶东部的帝力活动。此后近三百年中，葡萄牙殖民者和荷兰殖民者为争夺帝汶岛的土地多次发生冲突和纠纷。1859年葡、荷订立条约，瓜分帝汶岛。东帝汶归葡萄牙统治。葡属帝汶的行政管理机构曾一度设在葡属印度，1864年又移归澳门总督管理，1896年葡属帝汶成为自治殖民地。1904年葡、荷两国确定葡属东帝汶和荷属西帝汶的分界线。1914年经过海牙仲裁法庭的调解，最后确定欧库西飞地的边界。直到第二次世界大战，葡萄牙一直把东帝汶作为政治犯的流放地，以及掠取咖啡等资源的原料供给地，造成这里经济、文化极端落后的状况。东帝汶人民曾不断举行起义，反抗殖民统治。

1942年日本占领东帝汶。第二次世界大战后澳大利亚曾一度负责管理东帝汶，不久后葡萄牙恢复对东帝汶的殖民统治，1951年将东帝汶改为葡海外省。1960年，第15届联合国大会通过1542号决议，宣布东帝汶岛及附属地为"非自治领土"，由葡萄牙管理。

独立运动时期

1974年4月25日葡萄牙爆发"武装部队运动"[1]推翻了独裁政权，葡开始民主化和非殖民化进程。1975年葡政府允许东帝汶举行公民投票，实行民族自决。主张独立的东帝汶独立革命阵线（简称革阵）[2]、主张同葡维持关系的民主联

---

[1] 长久的战争和庞大的军费令萨拉查极右派政权失去了很多葡国人民特别是中下级军官的支持。一些中下级军官组成了"武装部队运动"（Movimento das Forças Armadas，简称MFA），于1974年4月25日在里斯本发起政变，期间有很多平民自发参与。在政变期间，军人以手持康乃馨花代替步枪，康乃馨革命（Revolucao dos Cravos）便由此而来。此革命推翻了20世纪西欧为期最长的独裁政权（42年），之后引发了两年混乱的"过渡时期"，政府更替频繁，10年内更换15个总理。

[2] 东帝汶独立革命阵线（Revolutionary Front of Independent East Timor，简称"革阵"，葡萄牙文简称为FRETILIN），1974年5月20日成立，系东帝汶最早的政党之一，原名帝汶社会民主协会（ASDT），1974年9月11日改名。自称有党员20万，组织严密。1975年11月28日单方面宣布成立东帝汶民主共和国。同年12月7日印尼占领东帝汶后，部分成员流亡海外，其余在国内坚持抵抗斗争。1999年东帝汶启动独立进程后，革阵重新整合，提出恢复民主独立、巩固民族团结，建立多党民主法治国家等主张，获得广泛支持，并赢得2001年8月制宪议会选举。2002年组建以该党为主的首届政府，总书记阿尔卡蒂里任总理。现为议会第二大党。党主席为卢奥洛，总书记为阿尔卡蒂里。

盟（简称民盟）①、主张同印尼合并的帝汶人民民主协会（简称民协）② 三方之间因政见不同引发内战。革阵于1975年11月28日单方面宣布东帝汶独立，成立东帝汶民主共和国。同年12月，印尼出兵东帝汶，1976年宣布东帝汶为印尼第27个省。1975年12月联合国大会通过决议，要求印尼撤军，呼吁各国尊重东帝汶的领土完整和人民自决权利。此后联合国大会多次审议东帝汶问题。1982年联大表决通过支持东帝汶人民自决的决议。从1983年至1998年，在联合国秘书长斡旋下，葡萄牙与印尼政府就东帝汶问题进行了十几轮谈判。

1997年亚洲金融危机爆发，1998年印尼苏哈托政权下台。1999年1月，印尼总统哈比比同意东帝汶通过全民公决选择自治或脱离印尼。5月5日，印尼、葡萄牙和联合国三方就东帝汶举行全民公决签署协议。6月11日，联合国安理会通过决议成立联合国驻东帝汶特派团（UNAMET），于8月30日主持东帝汶全民公决。东帝汶45万登记选民中，约44万人参加了投票，其中78.5%赞成独立。哈比比总统当日表示接受投票结果。投票后东帝汶亲印尼派与独立派发生流血冲突，东帝汶局势恶化，联合国特派团被迫撤出，约20多万难民逃至西帝汶。9月，哈比比总统宣布同意多国部队进驻东帝汶。安理会通过决议授权成立由澳大利亚为首、约8 000人组成的多国部队，并于9月20日正式进驻东帝汶，与印尼驻军进行权力移交。10月，印尼人民协商会议通过决议正式批准东帝汶脱离印尼。同月，安理会通过第1272号决议，决定成立联合国东帝汶过渡行政当局（UNTAET，简称联东当局），全面接管东帝汶内外事务。1999年11月，东帝汶成立具有准内阁、准立法机构性质的全国协商委员会（NCC），2000年7月成立首届过渡内阁，2001年8月举行制宪议会选举，9月15日成立制宪议会和第二届过渡内阁，2002年4月举行总统选举，东独立运动领袖夏纳纳·古斯芒当选。2002年5月20日，东帝汶民主共和国正式成立。东帝汶民主共和国是21世纪第一个新生国家。

---

① 民主联盟（Democratic Alliance KOTA/PTT，简称"民盟"），系英雄党和人民党于2007年组成的政党联盟。英雄党（Sons of the Mountain Warriors，简称KOTA）成立于1974年11月，2000年重建。原赞成与印尼合并，后支持东帝汶独立并加入"帝汶抵抗运动全国委员会"（简称"抵委"）。党主席马添文（Manuel Tilman），总书记暂空缺。人民党（Peoples Party of Timor，简称PPT）成立于2000年，受阿伊纳罗、欧库西地区和帝力底层民众支持。党主席雅格布·沙尔维尔（Jacob Xaier），总书记暂空缺。

② 帝汶人民民主协会（Timorese People's Democratic Association，简称"民协"），是主张与印尼合并的小党。

联合国托管及独立后时期

东帝汶正式成立后，联合国继续向东帝汶派驻由军队、民警和文职官员组成的支助团（UNMISET），协助东帝汶政府工作，任期至2005年5月。2005年5月20日，联合国在东帝汶设立为期一年的后续特派团，即联合国东帝汶办事处（UNOTIL），继续为东帝汶政府重建工作提供协助。2006年8月24日，联合国安理会通过决议，向东派遣任期为六个月的联合国综合特派团（UNMIT），以协助保持东帝汶局势稳定，帮助东帝汶举行2007年总统和议会大选。2007年2月22日，联合国安理会决定将特派团任期延长一年，确保东帝汶社会治安和大选顺利进行。2007年5月9日，奥尔塔[①] 当选东帝汶总统，夏纳纳·古斯芒被任命为总理。当前，东帝汶政局总体稳定，安全形势持续向好，经济快速增长，对外交往日趋活跃，正全力争取加入东盟。

[①] 奥尔塔，1949年12月26日生于帝力，父亲是葡萄牙人，母亲是东帝汶人。曾当过记者，积极参与东帝汶独立运动，1970年至1971年流亡莫桑比克。1975年独立革命阵线宣布成立东帝汶民主共和国后任外交新闻部长，印尼占领东帝汶后逃亡海外。1975年至1985年间任东帝汶革命阵线常驻联合国代表，在奥尔塔等人的努力下，联合国通过了要求印尼从东帝汶撤军、给予东帝汶人民自决权利的决议。1996年10月，奥尔塔获得诺贝尔和平奖。2002年5月，东帝汶民主共和国正式成立，奥尔塔成为这个新国家的外交与合作部部长。2006年3月，奥尔塔又出任政府总理。2007年5月9日，奥尔塔当选东帝汶独立后的第二任总统。

第一章　殖民前时期

第一节　中国史书中的东帝汶

1894年，荷兰东印度公司派出一支部队去探寻位于龙目（Lombok）岛的 Cakranegara 古城的皇宫。这是一次赤裸裸的抢劫行动，荷兰人收获了大批金银财宝，其中一部手稿也作为摧毁查格拉内加拉（Cakranegara）皇宫的战利品被荷兰人掳走。这份手稿一般称为 Nagarakretagama（有译为"纯洁国度"，）或 Desawarnana（意为"五光十色"），是马普·普拉庞卡（Mpu Prapanca）于1365年创作的一首赞美满者伯夷[1]国王哈亚姆·巫如克（Hayam Wuruk）的长诗。诗的第14篇，帝汶岛作为属国之一被列举出来。

西方学者曾经都认为最早记录帝汶岛的文献是一部古老的爪哇手稿。和中国人有仙丹情结一样，西方人有手稿情结，对于古老神秘手稿的狂热使得这种说法在很长时间内没有受到任何质疑。如今发现，"纯洁国度"只能算作记录帝汶岛的早期文献之一，而绝不是最早的。最早将帝汶岛记录入书的，正是中国人[2]。

中国人能够最早发现帝汶岛，也并非偶然。大约在2 000年前中国人就来到东南亚各地从事商贸活动，其中一些人还在爪哇等地定居下来。南洋群岛既号称"香料群岛"，中国人来这里也多进行香料贸易，收购当地出产的各种特产，如胡椒、丁香、肉蔻等，也兼收当地手工艺品、药材等。檀香在东南亚多个地方都有出产，也是重要的贸易项目之一，而帝汶香号称南洋群岛之冠，受到中国人的关注并不奇怪。16世纪早期，西方人打通了欧亚海上通道来到这里时，就发现帝汶岛沿岸很多地方都停靠着来自中国的商船，而帝汶人最喜爱的也是来自中国的产

---

[1] 满者伯夷（Majapahit）是13世纪时位于东爪哇的一个王国，在今天印尼泗水的西南，《元史》称为麻喏巴歇，《明史》称为满者伯夷。

[2] 6世纪开始，中国进入隋唐时期，这是中国古代社会最辉煌的阶段。这一时期，中国与世界的交流无论在深度，还是在广度都是空前的，也推动了中国的航海技术极大发展。西方史学界推测，中国人在这一时期可能已经到达过帝汶岛，可惜没有确切的史料证实。

品。只是现在我们已经不知道第一个来到帝汶岛的中国人、第一艘来到帝汶的中国船分别是谁了。从唐代开始，关于南洋见闻的书籍便不断涌现，如今我们能够看到的最早的记载帝汶岛的史籍是成书于宋代的《诸藩志》。《诸藩志》才是世界上第一部记录帝汶岛的史籍。

《诸蕃志》是南宋人赵汝适[1]编撰的一本记录海外见闻的书，于南宋后期（1225年）出版刊行，比"纯洁国度"早140年。现在主要流传的这本书是冯承钧所著的注释本。书中记载有53个南海国家的地理、风俗、物产等。对于帝汶岛来说，《诸藩志》的价值是书中出现的一个名为"底勿"的地名（也做"底门"），这正是帝汶岛第一次出现在人类文献史籍中的名字。在《诸藩志》成书之前的漫长时间里，这里只是深藏在南太平洋浩淼的波浪中、笼罩在岛上浓稠的山雾里的一处所在，绝少有人知晓，这里曾发生过什么、在这里生活的人们经历过什么，只有凭考古学家去推想了。而《诸藩志》之后，这个岛便再不能隐于无形，从此被纳入世界版图之中。

《诸藩志》中出现"底勿"的地方有两处：其一是《卷上·志国》中"苏吉丹"国，"苏吉丹即陶婆之支国，西接新拖，东连打板，……其地连百花园……底勿……皆阇婆之属国也……"另一处在《卷下·志物》"檀香"条目，书中写有"檀香出阇婆之打网、底勿二国。三佛齐[2]亦有之……"阇婆古国在今天印尼的爪哇岛或苏门答腊岛或二者兼有。苏吉丹位于今天的印尼加里曼丹岛（婆罗洲）西海岸苏加丹那港。新拖，也叫孙他，位于爪哇岛西部；打板（《瀛涯胜览》也称杜板）位于今天爪哇岛锦石西北的图斑。

《诸藩志》中并没有专门介绍所谓"底勿"的段落，除了一个名字，我们只知道这里是隶属印尼群岛的一个地方，出产檀香。换言之，帝汶岛第一次出现在世界眼中之时，身份是檀香木产地。因此，檀香与这个岛天生就紧紧地联系在一起，一部帝汶史毋宁说是一部檀香贸易史。不管今天当地人如何否认或者刻意淡化，檀香已经深深烙印在帝汶机体的方方面面，不可分割。

---

[1]　赵汝适（1170—1231），字伯可，宋太宗八世孙，曾在泉州市舶司（相当于今天的海关）任职，他因工作之便常常听到出海商人和船员的见闻，集而成《诸藩志》，但实际上并没有亲身到过这些地方，所以对很多地方的描述语焉不详。比如帝汶岛就仅仅出现了名字而已。

[2]　三佛齐国发源于苏门答腊巨港地区，国势鼎盛时期（9世纪左右）统治着整个马六甲海峡及附近岛屿，7世纪末征服爪哇，对帝汶岛的管辖是有可能的。

《诸藩志》之后，帝汶不断出现在各种史籍中，影响最大的是成书于元代的《岛夷志略》，其对帝汶岛的描述较为详细。《岛夷志略》是大旅行家汪大渊所著，按写作的年代算，应该与马普·普拉庞卡创作"纯洁国度"同时进行的，与赵汝适辑录旁人述说不同，书中出现的很多地方都是他亲自到过的。

《岛夷志略》中帝汶岛被称为"古里地闷"。书中写道，帝汶岛（古里地闷）在伽罗①的东北面，当地山上生长着茂盛的檀木②，其他树种较少。对帝汶岛的贸易，主要是银、铁、碗、西洋丝布、各色彩绢等。交易的地方称为"马头"，有12处。帝汶岛有酋长。田地适宜种植谷类等农作物。这个地方气候恶劣，白天酷热晚上寒冷。当地的风俗没有男女之妨。男男女女都剪短发，穿木棉织成的短小衣衫，腰间围系一块占城出产的布。市场上酒肉售价十分便宜。妇女不知道还有贞洁的观念。部落头领们既饕餮又好色，每每大醉酩酊后，被子也不盖倒头就睡。到这里的人，一旦生病多数都会死去③。即便没有在当地死，返程之际，在舟船上风吹雨淋，疾病发作而出现高热，如高热不退，则必死无疑。以前泉州有吴姓商人，集合上百人行船来到这里贸易，一次行程，十之八九丧命，侥幸活下来的少数人，也会虚弱无力，只能在海上听天由命，也许能够回国。遇到风平浪静的好天气，到黄昏时分，土著人便开始放声高歌，跳起舞蹈，夜幕降临后，则点起熊熊火炬（继续歌舞），这样恐怖诡异的情景，使外地到此的人们往往吓得魂飞魄散……

汪大渊究竟有没有到过帝汶岛尚存疑，言语间可见对这里颇有畏惧，原文最后几句大发感慨，称这地方简直就是鬼门关，纵使有万倍的利润也不值得冒如此的风险。然而这一篇简短的游记，却是外部世界第一次对帝汶岛人文生态的描述，是研究帝汶岛历史的珍贵史料，包含着丰富的信息。首先帝汶岛的地理位置在苏腊巴亚之东，这是确实的。当地盛产檀木，漫山遍野，只是汪大渊所指是檀木还

---

① 伽罗，即重迦罗，《诸藩志》中为重迦庐，是Jungala的音译。今作苏腊巴亚，是印尼东爪哇省首府，如今是印尼第二大城市。这里恐怕是整个东南亚最大的华人聚居区，因而它还有一个汉语名字：泗水。

② 檀香木（sandalwood）属檀香科，常绿寄生小灌木。帝汶出产的檀香又被称为"地门香"或"地闷香"。檀香用于制香历来被奉为珍品，还可用于外敷以消炎去肿、滋润肌肤，熏烧可杀菌消毒、驱瘟辟疫。檀木，因其木质坚硬，香气芬芳恒久，色彩丰富多变，又不朽不腐，百毒莫侵，传说能避邪，故又称圣檀。帝汶岛出产的为紫檀（rosewood），俗称"小叶檀"，被认为是最名贵的木材之一。

③ 文中提到的可怕的疾病，应该是疟疾，中国古代称为瘴气。在没有任何药物可以使用的年代，罹患疟疾往往就意味着死亡。至于在返程时风吹雨淋，疾病会发作，应该是疟疾的潜伏期的原因。

是檀香木不甚清楚，两者在帝汶都有出产，其中帝汶产小叶檀就是紫檀也十分有名，而檀香木是寄生树种，漫山遍野似乎不大可能。当地的气候白天酷热夜间寒冷，这与今天的东帝汶的气候一致；当地的土地适宜耕种，但没有提及当地的农产品，说明至少农业不发达，农产品品质普通，或者没有特色的农产品，这样的情况即便今天依然如此。文中没有描述当地建筑和城镇，可能当时并不存在，只有类似村落的聚居地。当地有酋长，是地方的主要管理者，而后来葡萄牙人记载的"韦哈勒王国（wehale kingdom）"还没有出现，说明当地社会结构是部落体系；而所谓女性不知贞洁，说明女性在社会上的地位比较高，受到的制约比较少，也说明部落体系还有比较浓的氏族社会色彩。在其他国家或地区的描述中，常常提及给当地头领送上各种礼物，然后才可以进行交易，而此处没有，头领似乎只关心酒色，对于其他多半并未过问，这说明部落成员之间还保持着原始的平等，酋长或其他头领不能随便占有部落成员的财产或者享有特权。

当地人的穿着，一是短小布衫，一是系占城出产的布块，占城布在当地出现说明帝汶岛与外界有贸易往来。葡萄牙历史学者认为很早的时候，大约7世纪，中国和爪哇的商人就经过爪哇岛或苏拉威西岛（Sulawesi islands）来此进行贸易。占城古国位于今天的越南中南部，其出产以稻米著名，至于所产布料不得其详，《星槎胜览》中描述占城人腰系色布手巾，估计与此类似。这种腰间系一块布的服饰特点保留至今，只是演变成用布缝制成宽大的桶状，德顿语称为Sarung，男性裹系在腰间，女性系在胸前。至于布衫，可能是后来还能看到的一种短袖衫，但是土著人更多时候是不穿上衣的，至多在左肩或双肩上搭一条本地产条纹布。土著人往往喜欢在胸前挂一块至数块锡制或银制圆盘，这是身份的标志，也是最显著的穿着特点，在这篇记录中却没有描述，也许那时还没有这样的打扮。文献中没有提及的还有纹身，东帝汶人个个纹身，包括久居于此的华人，这一风俗的起源有待考证。至于纵舞狂歌，点燃火炬等等，异域风情而已，如今也随时可见，只是舞可能不是当年之舞，歌不是当年之歌罢了。

在明代（1436年）成书的《星槎胜览》[①]下卷，帝汶岛被称为"吉里地闷"，"吉"恐为"古"之误，描述与《岛夷志略》类似而简略，由此可以看出自《岛夷志略》后一个世纪过去，帝汶并没有多少变化。《星槎胜览》是记录郑和航海

---

① 费信（1388— ），字公晓，号玉峰松岩生，少贫，14岁代替兄长加入军队，勤奋好学，自学阿拉伯语，曾4次跟随郑和下西洋。明正统元年（1436年）费信著《星槎胜览》上下卷。

经过的重要著作，关于郑和的舰队有没有到过帝汶曾引起很多人的兴趣。不过，从《星槎胜览》记述帝汶之简略，且很可能是转引自《岛夷志略》来看，郑和舰队不大可能到过这里。但葡萄牙人认为，在郑和控制了马六甲海道期间，曾派出分遣专队到过帝汶。

1935年北平图书馆派向达赴欧洲进行学术交流，他在英国牛津大学博德利图书馆（Bodleian Library）发现了一本中文古籍，无书名也无作者署名，只在封面写着"顺风相送"四个字。

《顺风向送》是一本古代中国的航海指南（海道针经），记载有气象、潮汐、海况、船只、航道、港口等资料。书中帝汶岛被称为"池汶"，此时中国人对于帝汶已经相当熟悉了，书中对其地的山川地貌多有描述，只不过其中所述地方，多数难以考证是今何处，唯有一处"居邦"可明确是今天西帝汶首府古邦（Kupang）。可以看出当时中国人来这里进行贸易不是少数，而恐怕是有一定规模的定期前来，对于当地山川地貌也依照中国人的习惯进行命名以方便客商与船家之间的交流。《顺风相送》中没有再出现汪大渊对于此地的畏惧，而详细记述了自万丹岛（Bantam，今称巴淡岛，是廖内群岛最靠近新加坡的岛屿）到"居邦"的航道，说明经过约一个世纪，中国人对这里的环境已经十分适应。《顺风相送》主要着眼于航海技术，一般不涉及当地物产风俗，但在"池汶"段落多次说明檀香出产情况，说明帝汶是重要的檀香木产地，历经宋、元、明三朝并没有什么变化。

明朝成华、弘治年间（1465—1505年），大明朝辉煌的大航海时代落下帷幕，为避倭寇海盗的袭扰，朝廷颁布了禁海令。期间，官方的海外贸易完全停止，但民间从海外贸易敛聚了惊人财富的富商巨贾岂肯轻易罢手，勾结地方官吏，罔顾中央禁令，仍私自出海贸易渔利，导致朝廷税赋损失严重。不得已，明朝廷于隆庆六年（1572年）重开海禁，这就是著名的"隆庆开关"。从开关之年，直至明王朝覆灭之际（1644年），全世界三分之一的白银（估计有5亿两）流入了中国，全世界三分之二的贸易与中国有关。在巨大的经济利益驱动下，海外贸易再度兴盛起来，有关海外各地的"通商指南"的需求也变得迫切起来，《东西洋考》[①] 就

---

① 张燮（1574—1640），字绍和，福建漳州龙溪县（今龙海县）人。出生于官宦世家，著述颇丰，计有15种696卷，以博学闻于世。他撰写的《东西洋考》于1617年刊行。该著共12卷，几乎囊括凡与漳州有关的海外贸易的各方面的情况，并详细记录了东南亚的历史和早期西方殖民者在东南亚的活动，是中外关系史最早、最重要的资料之一。书中不仅有详细的经济贸易资料的记载，还详细记载了当时的航海技术知识和地理知识，是当之无愧的"通商指南"。

是在这样的背景下，于万历四十五年（1617年）刊行出版了。

《东西洋考》中帝汶被称为"迟闷"，文中写道，此地田地肥沃，粮食充裕，山坡上到处生长着檀香木，土著人多砍回来当柴烧了。其地瘴气十分厉害，来这里的人很少有不生病的。气候炎热，午后傍晚不得不坐在岸边吹海风避暑，不然多半要生病了。这里的人剪着短发，穿短小的衣衫，晚上睡觉不盖被子。一般我们见到尊者，多半要站立起来，但土著人见到官长却是坐在地上，双手合十以示敬意。土著人没有姓名，不知道纪年，也没有文字。要记录事件就用一块石头表示，石头多了就悬绳系上一个结。民间如果有了纠纷，双方会各牵上一只羊到酋长那里请求判决，理屈一方的羊被酋长没收，胜诉一方仍将羊牵回。当地最有名的地方叫犀头山，山顶上有一块巨石，巨石中有一个巨大洞穴，石穴中又有巨蟒，每年"王"都要来这里祭祀，祭祀完了之后巨蟒便从穴中出来将贡品一扫而光。平时没有人敢在这里走动。每当前来交易的船舶抵达，"王"带着成群妻妾从城里来到交易之地监督交易，"王"出行之时，往往率领大批扈从卫士，禁卫森严。"王"对交易要征收税赋，但并不重。土著人扛着砍伐下来的檀香木络绎不绝地前来交易。不过如果"王"不在的时候，最好不要独自与土著人进行交易，以免出现纠纷。

《东西洋考》中仍然没有对交易的具体地点进行交代，这个遗憾是所有中文文献共同的。比照《岛夷志略》可以看出，经过数个世纪，中国人对帝汶的认识由浅及深，除了直接的感官，也开始了解帝汶的社会结构和一些风俗。与《顺风相送》一样，《东西洋考》也提到了帝汶的"王"，由于《东西洋考》成书之时葡萄牙人已经来到帝汶，所以推测就是葡萄牙人所说的"韦哈勒王朝"，"韦哈勒"王国在帝汶中部，即今东帝汶西部地区，进而推测交易的地方就是欧库西。另外，从有延续顺序的中文文献来看，所谓的"韦哈勒，"王朝大约始于15或16世纪，至17世纪中期灭亡，传承的时间并不长。文中提到的犀头山是不是帝汶创世传说中的圣山——拉美拉乌山（Ramelau mountain, tasibeno），山上的巨石是不是神圣的信物——乌瑟·鲁力（usiluli）尚无其他证据支持，山和石都相符，从概率上说可能性很大，不过帝汶传说中却没有巨蟒。这时帝汶的社会似乎较之前有所进步，一些社会管理制度，如仲裁、赋税、礼仪等制度已经出现，还建立了"城"，这是国家雏形的标志。

自1225年的《诸藩志》到1617年的《东西洋考》，在长达近400年的时间里，中国人连续不断地记录了帝汶的点滴，对于这个"结绳束矢之风犹存"的"绝岛"的意义，说是宝贵的财富丝毫也不为过。《东西洋考》之后，辉煌的古代中国无可奈何地走上了衰落之路，加上新兴的西方殖民国家以武力占领了东南亚后却没有经济实力与中国商人竞争，而卑鄙地使用海盗手段大肆劫掠中国商船，中国人逐渐退出了东南亚的海上贸易，有关帝汶的记载也逐渐从中文文献中消失了。

第二节　东帝汶民族形成

在是否存在东帝汶民族的问题上，出于政治上的对立，印尼学者和东帝汶独立运动组织的观点针锋相对、截然不同。印尼学者低估东帝汶文化对印尼主流文化的影响，突出17世纪西帝汶的贝鲁（Belu）王国曾统治过部分东帝汶的事实，强调整个帝汶岛居民的共性，进而否定东帝汶民族的存在。而独立运动组织则执著于东帝汶人的独特性，声称东帝汶文化与印尼文化（当然包括西帝汶文化）完全不同。其实，如果从20世纪70年代中期以来的东帝汶历史发展来考察，这个问题就比较容易得到恰当的答案。

"革阵"催生东帝汶的民族形成

东帝汶人数千年来保持着自己的语言和文化，几乎没有受到佛教、印度教和伊斯兰教等外来文化的冲击。20世纪初葡萄牙在东帝汶全境建立起行政统治机构，但是东帝汶部族社会的特征并没有多大改变。35个部族酋长拥有自己的领地，保留私人武装，依靠强大的传统文化在土著中享有权威。70年代中期，土著人口主要包括四个人种，其中原始马来人占60%，次生马来人为19.3%，吠陀－南岛人占13%，美拉尼西亚人占7.5%。东帝汶存在30种语言和更多的方言，德顿（tetum）语使用者最多。人种、语言和文化的多样性限制着各部族之间的交流。在社会生活中，除了部族之间互相隔离和冲突外，东帝汶社会的部族主义突出表现为西部人对东部人的歧视。西部部族称为"卡拉迪"（Caladi），被殖民的历史较早，大土地所有制发达，自认为更开化，有优越感。东部部族称为"斐拉考"（Firaco），其居住地大部分为部落土地，他们受外来影响较小，在西部人看来更野蛮好斗。

在葡萄牙的殖民统治下，东帝汶迟迟未能形成统一的民族。二战后安哥拉、莫桑比克等葡属非洲殖民地人民早已开始武装反葡斗争，而东帝汶直到70年代初仍未出现有组织的民族解放运动，只有少数受过教育的精英通过天主教的刊物在传播民族主义思想。1974年4月25日，葡萄牙发生"武装部队运动"领导的政变。新政府宣布将顺应潮流，推进葡属殖民地的非殖民化。在同年5月份短短的一个月内，东帝汶历史上第一次出现了多个政党，其中最主要的是三个政党，它们都对东帝汶的政治未来提出了自己的纲领。其一是帝汶民主联盟（以下简称"民盟"）代表的是高级公务员、种植园主、部落酋长等上层，要求"永远在葡萄牙的旗帜下实现"逐渐的自治，实际上反映出要求维持现状的愿望。其二是"革阵"是一个由年轻知识分子、大学生和工人组成的组织，它受到莫桑比克民族解放阵线的启发，自称是"东帝汶人民唯一合法代表"，主张用三到八年逐渐独立。其三是帝汶人民民主协会（以下简称/"人协"）是印尼直接支持成立的，主张"根据国际法与印度尼西亚共和国实行自治的合并"，但人数只有数百人，影响有限。

最初民盟是占据主导地位的政党，但革阵很快后来居上。这是因为除在政治上要求尽快全面结束殖民统治外，革阵推行的各项改革政策受到越来越多下层群众的欢迎。在经济政策上，它推行土地改革，组成合作社，优先发展农业生产，以求达到经济上的自力更生。在社会文化方面，革阵提倡发扬民族文化，普及教育，提高贫苦大众的地位，动员人民做好准备建设未来的独立国家。

革阵认识到，要最大程度地团结人民，历史上长期遗留下来的部族主义和地区主义是最大的障碍。革阵领导人指出："这些观念……对我们的斗争决无帮助。……革阵希望人民的团结，而只有根除这些来自殖民和传统社会的错误观念这才可能。"[1]他们号召不管是"卡拉迪"还是"斐拉考"都应该团结起来，为此在东帝汶首次大张旗鼓地提倡和宣传新的国家和民族意识。1974年9月，一批从葡萄牙留学回国的知识分子发起了识字运动。大批城市青年深入穷乡僻壤传播和教授德顿语。在推广德顿语的同时，识字运动也成为革阵向部族山民传播新思想的重要途径。革阵编写的德顿语识字本的书名就是《帝汶是我们的国家》。[2]

---

[1] 吉尔·乔利夫：《东帝汶，民族主义和殖民主义》（*Jill Jolliffe, East Timor, Nationalism & Colonialism*），昆士兰大学出版社，1978年，第313页。

[2] 参见约翰·G·泰勒：《东帝汶：自由的代价》（*John G. Taylor, East Timor of Freedom*），伦敦泽德书业，1999年，第35页。

革阵还创造性地使用Maubere 这一词语。Maubere 原是东帝汶最穷的曼拜（Mambai）部族山民称呼"朋友"的用词，被葡萄牙人用作蔑称，意思是来自内地的落后、原始的乡巴佬。革阵赋予该词"我的兄弟"和"帝汶之子"的新内涵，把它作为自己所代表的群体的名称。"革阵成员成功地把一种受葡萄牙人歧视的文化提升为一种新的独立语言。没有什么比革阵使用Maubere 一词更好地说明这一点了。"[1] Maubere 的含义接近于"东帝汶人民"。例如，1975年6月，革阵领导人之一拉莫斯·奥尔塔指出，革阵本身没有特定的意识形态，聚集在其中的人思想各异，但有一个共同的目标：为东帝汶争取自由。他本人也不接受什么意识形态，但信奉一种Mauberism（即小人物主义或贫民主义）的哲学。[2] 不过，革阵有时也把Maubere 与人民连用，如东帝汶民主共和国的宪法草案中称革阵是"Maubere 人民的合法领导者"。[3]这里Maubere 已经明显含有"东帝汶人"或"东帝汶民族"的意思了。

革阵的各项政策成效显著，到1974年底革阵已经拥有广泛的群众基础，跃升为东帝汶力量最大的政党。1975年5月，东帝汶非殖民化会议决定翌年10月召开国民协商会议，并于3年内宣布独立。由于担心革阵在未来的大选中取得压倒性的优势，更因来自印尼方面的干预和压力，民盟不但结束与革阵的联合，而且在8月11日发动政变，单方面控制政权，借机镇压革阵，从而引发了内战。9月初，革阵在人民的支持下战胜民盟。11月28日，革阵宣布独立，成立东帝汶民主共和国。但印尼于12月7日出兵入侵东帝汶，致使东帝汶独立进程发生逆转。革阵领导的是一场民族民主革命，它肩负着民族独立和社会进步的双重使命。革阵的社会文化政策实行时间不长，但对东帝汶民族形成的影响深远。它第一次把东帝汶人作为一个整体团结起来，并且改变了他们的身份观念。他们意识到自己不但是每个部族的成员，而且也是东帝汶这个国家中相互联系的一分子。德顿语开始为更多的东帝汶人所接受。Maubere 一词的使用代表一种新的观念，也是东帝汶民族共同意识形成的第一步。

① 约翰·G. 泰勒:《印尼被人遗忘的战争：东帝汶秘史》(John G. Taylor, *Indonesia's Forgtten War*: The Hidden History of East Timor), 伦敦泽德书业, 1991年, 第40页。

② 参见乔治·J·阿迪特宗德罗:《东帝汶, 一个印尼知识分子坦诚己见》(George J Aditjondro, *East Timor, An Indinesiian Intellectual Speaks Out*), 澳大利亚海外援助委员会, 1994年, 第10页。

③ 吉尔·乔利夫:《东帝汶, 民族主义和殖民主》, 弟218页。

印尼入侵加快东帝汶民族意识形成的步伐

印尼独立建国后一再强调其继承的是荷兰在印尼的殖民遗产，对葡属东帝汶没有领土要求，但是当1974年东帝汶有望摆脱殖民统治时，印尼却改变了主意。鉴于多数东帝汶人无意与印尼合并，印尼到10月份就制定了武力干预的政策。东、西方对抗的冷战格局和美国在印度支那三国的失败，使印尼的吞并图谋获得了美、澳等西方大国的默许甚至纵容。印尼的军事入侵遭到东帝汶人民的不屈抵抗。直到1979年3月，印尼才基本控制东帝汶全境。革阵依靠人民的支持，凭借多山的有利地形，坚持游击战，重建了抵抗网络。在这期间，东帝汶有20万人死于战争、饥荒和迫害，相当于1975年人口的近1/3。①

印尼在东帝汶实行的是军政统治，暴力和强制是其最大的特点。除革阵外，亲印尼的人协和被迫与印尼合作的民盟也被禁止活动。印尼不加区分的镇压政策激起越来越多人的不满和反抗，促使东帝汶人走向团结。根据形势的变化，1981年和1984年革阵两次在内地召开全国性会议，淡化了革阵组织的激进色彩，突出了为东帝汶民族而战的形象。它宣布1983年为民族团结年。1986年4月，民盟与革阵在海外组成了民盟–革阵民族联盟，声明将采取联合行动。1988年，新的抵抗运动领导核心东帝汶民族抵抗理事会（Conselho Nacional de Resisitencia Maubere，简称CNRM）②成立。它既有革阵，也有民盟；既有游击战士，也有普通民众，还有教会人士和青年学生，几乎涵盖了所有的新、旧抵抗势力。Maubere 一词再次被用作全体东帝汶人的代称。东帝汶人的民族意识在抵抗运动中得到不断强化。革阵的准军事组织东帝汶解放军逐渐转变为一支民族武装。此后，除坚持游击战外，抵抗运动的形式也趋向多样化，如街头示威、学生抗议、海外宣传等。青年成为抵抗运动源源不断的生力军。③

印尼的统治摧毁了东帝汶社会的传统生存方式。印尼军队的长期轰炸和围剿

① 参见《东帝汶：对人权的违犯——非法处决、"失踪"、酷刑和政治监禁，1975—1984》（*East Timor*：*Violation of Human Rights*：*Extrajudidal Excutives*，'*Disappearances*'，*Torture and Political Impresionment*，*1975—1984*），大赦国际出版，1985年，第2页。

② 1997年该组织的葡萄牙语名称改为Consdho Nacional de Resisqtencia Tinorese，简称CNRT。Timorese正式替代Mauhere成为东帝汶民族的称谓。

③ 1991年11月12日，印尼军警镇压帝力游行示威的群众，造成死亡271人、失踪250人、伤382人的流血事件。受害者绝大多数是青年人。1994年11月亚太经合组织领导人会议在印尼召开前夕，30名东帝汶青年在美国驻印尼使馆前要求独立，遭军警驱赶，并再一次发生流血事件。

行动，使大部分山民被迫离开世代居住的深山。传统文化失去了赖以生存的地域环境，不同部族的成员面临着共同的文化适应。印尼在东帝汶大办学校，派遣大批教师，实行印尼国民教育，推广印尼语，灌输潘查希拉（即建国五原则）思想，但文化同化的目的并没有达到。印尼语虽然方便了人们的沟通，但它是带有强制成分的外来语言，东帝汶人内心并不愿意把它作为自己的身份特征，更不用说因而认同于印尼的主流文化了。他们更愿意选择德顿语。1981年10月，东帝汶天主教会反对印尼官方所做的用印尼语传教的规定，决定采用德顿语作为传教用语。这成为德顿语迅速普及的契机。

1990年，印尼政府同意以德顿语作为东帝汶第二教学语言。"在相互交往中，德顿语发展为当地共同的媒介和东帝汶人或Maubere身份的象征"。[①]

20世纪80年代以来，印尼在东帝汶兴建了一些基础设施，开始恢复和发展当地经济，并在国际上宣传其开发政策的努力和成绩。印尼学者称"从1976年起，该省收到迄今在印尼任何省中（按人头）最大的中央财政拨款。"[②] 然而因基础落后，加上治安问题无法得到根本解决，东帝汶仍是当时印尼最穷的省份。东帝汶几乎没有什么制造业，人均年收入不到200美元，55.34%的人口处在贫困线以下。军方企业垄断了当地的经济。受过教育的当地青年很难找到合适的工作，而近20万印尼移民在经济上远比当地人优越。印尼要把东帝汶融入印尼经济的计划同样没有成功。抵抗组织和天主教会认为，"开发政策"造成当地人的进一步贫困和边缘化，东帝汶正在成为印尼的"殖民地"。

在20多年中，印尼的军事高压、国民教育和经济开发没有使东帝汶印尼化，反而促成东帝汶人的民族团结，加快了东帝汶民族意识形成的步伐。土著东帝汶人越来越寻求并认同于"东帝汶人"这一独特的身份。在印尼撤出东帝汶后的今天，除了暂时沿用印尼的法律制度和货币单位外，东帝汶人没有接受更多的代表印尼特征的东西。

---

① 唐纳德·K·埃默森编：《苏哈托之后的印尼：政治、经济、社会、转变》（Donald K. Emmeerson, ed., *Indonesia Beyong Suharto*：*Polity*，*Economy*，*Society*，*Transition*），伊斯特·盖特书局，1999年，第99页。

② 哈尔·希尔编：《统一和差异：1971年以来印尼区域经济发展》（Hal Hill, ed., *Unity and Diversity*：*Regional Economic Development in Indonesia since 1970*），新加坡牛津大学出版社，1991年，第205页。

天主教会维护东帝汶的民族团结

20世纪70年代以前，东帝汶多种宗教并存，但以原始泛神信仰为主。据统计，1974年总人口为668 771人，其中原始泛神信仰信徒占66.80%，天主教徒占31.99%，孔教徒占0.82%，新教徒占0.37%，穆斯林占0.02%。[1]然而，在1976年以后的印尼统治期间，东帝汶天主教徒迅速增多。在1990年729 198人的总人口中，天主教徒达到92.76%，在人数上占据了绝对优势，传统泛神信仰已近乎绝迹。东帝汶已是继菲律宾之后亚洲又一个天主教徒占人口多数的国家。

在东帝汶，只有宗教组织能避开印尼的清洗，获许继续存在，并享有一定的独立权利。印尼政府所奉行的建国五原则的第一条就是信仰神道。每个公民被要求信奉官方承认的五大宗教（伊斯兰教、天主教、基督教、佛教和印度教）之一，而被印尼吞并后的东帝汶信教选择的压力则更大。东帝汶的泛神信仰不在五大宗教之列，其信仰者不被看做是宗教信徒。如果想避免被印尼军队视为革阵的支持者，一个办法就是改信五大宗教之一。东帝汶人不愿接受和皈依印尼近90%人口信仰的、作为印尼社会文化象征的伊斯兰教。在这一过程中，天主教凭着已有的优势，成为东帝汶最具吸引力的宗教。

在东帝汶近、现代历史上，天主教既是葡萄牙殖民入侵的后果，也是维护和稳定殖民统治的工具。教会的中、上层一般都是葡萄牙人或其混血后裔，代表的是殖民者阶层的利益，对贫困土著的命运漠不关心。在20世纪70年代中期的政治巨变中，尽管许多天主教徒是民族独立运动的领导人和主要支持者，但教会总的态度是保守的，害怕和反对变革。葡籍教士和大量混血后裔撤离后，土著教士走上前台，成为教会重建中的主导力量。1977年，帝力主教一职首次由东帝汶人出任。天主教逐渐转变为东帝汶民族的宗教。东帝汶天主教会日益当地化，但一直拒绝与印尼天主教会"合并"。它被迫中断了与葡萄牙天主教会的关系，不过没有因此而合并为印尼天主教会的一部分，而是直接隶属于罗马教廷。印尼统治期间，天主教突起为东帝汶民族文化的最大特征。它的意义不仅在于宗教方面，更重要的是对东帝汶民族主义所产生的影响。随着入教人数的迅速增多和教会当地化，东帝汶天主教会在社会政治中的影响日渐增大。1981年7月31日，它发表声明，宣称"东帝汶的人民正在经受苦难。"东帝汶教会与人民休戚相关，而且

---

[1] 参见乔治·J·阿迪特宗德罗：《东帝汶，一个印尼知识分子坦诚己见》，第36页。

正因为如此，觉得有义务表达出人民的信仰"。[①]这标志着教会立场的重大转变。此后教会开始批评印尼的统治政策，不断向外界反映东帝汶人民的悲惨境遇，抗议印尼军警的暴行，并暗中为抵抗运动提供庇护和支持。印尼军政当局虽然不信任东帝汶的天主教会，并对教会发出的"不和谐"声音感到恼火，但因教会接近人民，要维持统治又离不开教会的中间作用。教会兴办孤儿院和学校，广泛组建以教区为基础的医疗保健体系，充分发挥其社会功能。它不但是东帝汶"最重要的社会机构"[②]，而且成为东帝汶人利益唯一合法和公开的代言人与保护者。教会得到人民越来越多的拥戴和信任，尤其是贝洛主教献身教务，正直敢言，逐渐成为东帝汶人心目中的精神领袖，同时被外界视为"东帝汶人民最重要的代表"。[③]

1984年后，印尼已控制东帝汶全境，联合国也无限期推迟审议东帝汶问题。然而，正是东帝汶天主教会不断打破东帝汶问题上的沉寂状态。1989年2月，贝洛主教致信联合国秘书长，指出印尼在东帝汶存在大量违反人权的行为，要求让东帝汶人进行全民公决。[④] 1991年11月帝力发生印尼军警屠杀示威群众的事件后，教会成为印尼统治政策更加坚定的批评者。1994年7月，在致印尼政府的公开信中，贝洛要求印尼减少驻军，取消压制政策，扩大教会的自由，允许言论自由，开展与国际组织间的对话，允许东帝汶民主公决，以及为给予东帝汶特别地位和更大的自由而立法。[⑤]天主教特色也使东帝汶问题更受国际天主教力量的关注和支持。因顾及与印尼的外交关系，西方国家不便支持革阵和后来的东帝汶民族抵抗理事会，但公开鼓励东帝汶天主教会发挥更大的作用。1994年10月，贝洛和独立运动海外领导人拉莫斯·奥尔塔获得诺贝尔和平奖，其中就有国际天主教势力全力支持的背景。新加坡学者李炯才指出："因为帝力主教贝洛的支持，东帝汶人不再孤单：他们拥有信徒的国际后援，在世界各地都能找到热心的支持

① 卡梅尔·布迪亚佐、林绍隆：《针对东帝汶的战争》(Carmel Budiarjo and Lim Soein Liong, *The War against East Timor*)，伦敦泽德书业，1984年，第118页。

② 唐纳德·K·埃默森编：《苏哈托之后的印尼：政治、经济、社会、转变》，第99页。

③ 杰弗里·冈恩：《东帝汶和联合国：干预真相》(Geoffrey C.Gunn, *East Timor and the United Nations: the Case of Intervention*)，新泽西红梅出版社，1997年，第237页。

④ 克利福德·汤普森编：《诺贝尔奖得主：1992—1996年补集》(Cliford Thompson, ed., *Nobel Prize Winner: 1992-1996 upplement*)，H.W.威尔逊公司，第49-50页。

⑤ 乔舒亚·埃利奥特：《印尼手册》(Joshua Eliot, *Indoneisia Handbook*)，福特晋林特，1996年，第237页。

群体。"①

天主教会在精神上和组织上维护着东帝汶民族的团结。20世纪90年代以来，各级教会一直为东帝汶民族和解而奔走、呼吁。在1998年后东帝汶问题的解决中，教会独特的重要性得到充分体现。无论是独立运动组织、支持独立的群众，还是印尼政府及亲印的群众，抑或是印尼的政治反对派，还有国际组织，都对东帝汶天主教会表现出格外的尊重，都想争取到该教会的支持与合作。1998年9月和1999年6月，教会两次组织召开东帝汶各派对话与和解会议。冲突派别每次达成和平协议，都有教会代表在场。教会的影响力和号召力部分来自于它在政治上的"中立"。它始终未明确表态赞成合并还是独立，而是号召所有东帝汶人放弃敌对，组成一个"新家庭"。②事实上，通过向外界透露信息、对印尼的镇压行为和统治政策提出抗议、为独立运动人士提供保护、在国际上呼吁让东帝汶人全民公决以及扮演超越各派的协调人角色，教会已经在"中立"的外表下越来越多地参与到现实政治中，成为印尼在东帝汶统治的最大抵抗力量。

综上所述，可以得出如下结论：

1. 东帝汶已经有一个东帝汶民族（Maubere/ East Timorese）存在，但它的形成是东帝汶民族主义运动开展以后的事。革阵时期是东帝汶人民族意识的最初培育阶段。印尼的入侵中断了东帝汶的独立进程，但东帝汶民族的形成没有停滞，反而使这一过程加快了。近代印尼处在荷兰殖民统治下，东帝汶处在葡萄牙统治下，两者的历史、文化已有不同，但它们更大的区别却是在印尼吞并东帝汶以后形成的。德顿语普遍化和社会天主教化是东帝汶民族形成的标志。东帝汶民族意识的增强，民族的形成，以及民族主义的凝聚力和活力，无疑对该民族决定自己的命运也起到了关键作用。

2. 与许多社会发展较为落后的亚非国家的情况一样，东帝汶民族的形成并不是一个由氏族到部族最后到民族的自然演进过程，而是20世纪民族解放运动在短期内催生的产物。此处所用的"民族"这一概念不是指种族或狭义的民族，而

---

① 李炯才：《脆弱的国家：印度尼西亚危机》（Lee Khoon Khoy, *A Fragile Nation*：*the Indoensian Crisis*），1999年，第219页。

② 参见克里斯·曼宁、彼得·范迪尔曼编：《转变中的印尼：改革和危机的社会分析》（Chris Manning & Peter Van Diennens, eds., *Indonesia in Transition*：*Social Aspects of Reformasi and Crisis*），伦敦泽德书业，2000年，第113页。

是与国族（nation）的含义更为接近。但与一般新独立国家中的国族只是个政治概念而部族大量存在的情况不同，东帝汶人口本来就不多，又经历了巨大的社会冲击和改造，现在东帝汶人已经是而且完全可以被认作一个单一的民族。当然，东帝汶民族仍具有其特有的不成熟性。

3. 民族的核心是自我认同。东帝汶民族的认同是建立在德顿语、天主教和对印尼统治的不满与反抗上的，其中共同反抗印尼统治是达到这一认同的最大动力。团结御侮、一致对外，使东帝汶部族社会对外来者（Malai）根深蒂固的排斥迅速向全民族团结的意识过渡。

4. 东帝汶的民族文化仍处在摇摆之中。印尼文化是被抗拒、摈弃的对象，而传统的方言、信仰和生活方式濒临消失。德顿语已经成为东帝汶民族的通用语，但葡萄牙语的影响不断在扩大。实际上，作为葡萄牙殖民统治的遗产之一，葡萄牙文化一直受到东帝汶知识阶层的尊重和推崇，其尊重和推崇的程度甚至超过对传统文化的热爱和继承。未来的东帝汶文化可能会越来越向西方靠近，而与传统更加疏远。

5. 随着东帝汶人当家作主及教育和生活水平的提高，和解与协商应该成为主流。绝大多数人口信奉天主教，并不意味着可以用暴力手段排斥其他宗教信仰的存在。而且，一个民族应具有与之相应的经济联系，最好是经济成就带来的自豪感，而东帝汶经济基础尚异常脆弱，人民远未摆脱衣食之忧，显然还面临建设民族经济的艰巨任务。

总之，东帝汶民族在成为一个稳定的共同体之前，仍有很长的一段路要走。

第三节　东帝汶天主教演化

东帝汶人在帝汶岛上生息繁衍的历史可以追溯到新石器时代，到500年前葡萄牙人开始在这里殖民的时候，中间漫长的、以千年计的时间跨度里面，这个岛仿佛坠入了时间黑洞之中，社会生活以及自身发展都凝固在遥远的某一个时间节点上了。当葡萄牙人登上这个小岛的时候，发现这里基本上还处在氏族社会的阶段，土著人对世界的认知水平还显得十分幼稚和原始，令这些外来人不免有发现古人类社会的活标本的感觉。而作为最重要的文化知识传播者的教会，为维护其自身凌驾于世俗社会之上的特殊地位，利用当地文化中的超自然符号，把自身打扮为神或神的代言人，处心积虑地把宗教势力渗透到东帝汶社会。

在外来宗教传入之前，东帝汶土著人中世代流行的原始宗教，可以归为"泛灵论"的范畴，认为天下万物皆有灵魂或自然精神，并在控制间影响其他自然现象。原始宗教产生于社会生产生活当中，与当地人对世界认知的水平相适应，不仅是对未知世界的敬畏，更多时候也是维系社会结构的重要纽带。尽管东帝汶经过漫长的殖民时代，但其社会结构说到底也还是停留在部族时代的水平，也就是说，数个世纪以来，东帝汶原始宗教所植根的土壤并没有多少改变，东帝汶人对原始宗教的信仰也没有多少改变。东帝汶人在传统上信奉泛神信仰，祖先崇拜是其重要内容之一。各地都设有类似禁地的神屋，内置供祭祀崇拜的神物，外有棕榈叶、树枝、石头、骨头等特殊装饰。主管祭祀活动的人被称为神老，在村社中享有很高的地位。每逢宣战、战胜或重要农时等重大事件，各部族都由神老主持举行集体祭神仪式。

罗马天主教自16世纪开始传入东帝汶，但并非一开始就从者如云。1515年葡萄牙人向罗马天主教会介绍了帝汶岛。1556年，多米尼加派的传教士安东尼奥·达韦伊拉受教会指派前来帝汶岛传教。但是传教工作并不顺利，可能是由于当时东帝汶还处于十分原始的部落社会，东帝汶人民对相当文明程度的宗教还不能理解；也可能是东帝汶恶劣的自然环境使传教士们望而生畏，最初的营地甚至都没有建在帝汶岛上，而只是在檀香木收获季节随商船每年一次来东帝汶开展活动。据说安东尼奥·达韦伊拉曾为大约5 000人施行了洗礼，差不多100年以后，传教士们才在帝汶岛建立了22座教堂，10个教区，覆盖的人口充其量有10 000人。很多关于东帝汶的历史记载也指出，当时帝汶人皈依教会的并不多，很多时候是因为部落头领皈依教会，部落居民也才跟着皈依教会。16世纪的传教活动也仅仅限于北部和南部沿海地区的土著部落，而对内陆山区影响很小。

这个流派的修士身着黑衣，因而又被称为黑衣神父（Black Friars）或黑方济各士。多米尼克创立这个流派的缘由是要用正统的天主教教义对抗清教徒的教义，教皇何诺留霍诺瑞乌斯三世（Pope Honorius III，1216—1227）于1216年12月22日在法国正式批准这个流派为教会的合法组织。1640年代，神父安东尼奥·加申多（Antonio de Sao Jacinto）成功游说欧库西最大的土著家族——安贝诺家族全体接受洗礼，皈依天主教。这是葡萄牙人得以在利弗（欧库西）站住脚并随后建立起殖民管理机构的基础。1697年传教士马鲁埃尔·山铎·安东尼奥

（Manuel de Santo Antonio）来到帝汶，传教工作终于有了起色。1702年，托钵派[①]传教士来到东帝汶。1747年，东帝汶建起了两所神学院，一个在马拉笃笃，另一个在欧库西。随后耶稣会（Jesuit order）[②]传教士也来到帝汶。

又过了100多年，到了1780年左右，教会在葡属帝汶拥有的教堂数量达到50座。17、18世纪的教会传教士扮演着双重角色：一方面是道貌岸然、谦谦有礼的传教士；另一方面是横刀立马、冲锋陷阵的殖民军队指挥官。天主教有组织教士军团的习惯，中世纪的欧亚大陆都是十字军驰骋的疆场，所以传教士们不乏尚武的传统。即便是西方史学界也承认，教会在殖民时代就是殖民势力的急先锋，充当殖民统治的"工具"。尽管1702年葡萄牙在利弗就建立起了殖民机构，但殖民当局的行政管理能力实在很有限，也可以说其统治还处在一片混乱之中。一方面与荷兰人连年交战，另一方面与越来越桀骜不驯的托帕塞冲突不断，随时处在被架空乃至被驱逐的阴影之下。政府机构软弱无力，教会就当仁不让地承担了相当的社会管理职能。在很多时候，在很多地区，殖民政府与教会是二合一的关系，神父也在殖民机构中担任世俗职务，马鲁埃尔·山铎·安东尼奥神父自己就曾代理过殖民政府总督。这期间，教士们新开辟的教区建立了一些非正式的神学学校，为土著人提供教育机会，希望促进其开化与文明，以达到与作为殖民地居民相应的文明标准。东帝汶社会是一个部落集合体，教区实际也是按部落控制范围划分的，在相当程度上，教区和部落是同义词，至少在地域范围上是这样。经过洗礼，部落变成了教区，修士也就成了新的部落首领，实际掌握着部落大小事务的决定权。

18世纪后期，多米尼加派传教士开始谋求教会自治。殖民军队（很多时候也是传教士本人）用枪炮开路，一路上演"命令与征服"，随着殖民势力的拓展，教会也将影响渗透到东帝汶全境。势力大增的教会开始不满自己在殖民体系中的从属地位，不断要求从殖民利益中分得更大的利益，自治呼声高涨。这可以说是天主教教会在东帝汶谋求政治参与的第一次尝试。教会的异动引起殖民当局的警

────────────────────────────

① 天主教托钵派（mendicant orders），或译为托钵修会、乞食修会，创立于13世纪初，是天主教分支流派之一。这一派修士崇尚清贫，主张以托钵乞食、云游传教的方式宣传教义，在各个天主教分支流派中独树一帜。托钵派主要由方济各和多米尼加两大派组成，另外还有一些规模较小的分支在欧洲活动。此处所指，应该是除了多米尼加派之外的托钵派。

② 耶稣会（拉丁语：Societas Iesu, Sj.），天主教的重要分支流派，1534年8月15日由圣·依纳爵·罗耀拉（St. Ignatius of Loyola）创立，主要致力于教育与传教。

惕，殖民当局开始限制教会的活动。1834年，多米尼加派被逐出帝汶。

多米尼加派被逐之后，其位置由耶稣会取而代之。不过直到19世纪末，耶稣会在帝汶的活动仍然十分有限。纵观葡萄牙在东帝汶的殖民历史，土著部落与殖民当局之间压迫与反抗的斗争从未间断，受此影响，传教工作进展十分缓慢。也许为了传教的需要，教会有时也会支持土著人的反抗。1920年代，嘉诺撒仁爱修女会（Canossian order）的修女①来到东帝汶。

经过漫长的岁月，教会的影响逐渐渗入东帝汶文化深处，使其本身也成为当地传统文化的一部分了。教会作用体现最多的是在教育事业上。1930年代，教会有19 000名信众，其在萨伊巴哒（Saibada）建立起了少年神学院。教会作为一股成熟的社会势力，也开始涉及地区行政事务，定期呼吁保护土著人的人权。1930年代，根据时任葡萄牙政府总理萨拉扎尔颁布的《1930年殖民法案》，由中央政府直接管理教会在东帝汶的工作。第二次世界大战期间，教会上层大多逃离。1945年，日本投降后返回。冷战期间，东帝汶天主教会的工作重心仍然是扩大教会影响，更加关注教育事业。期间一些土著人开始出任教会职务，他们使用德顿语和葡萄牙语，并将它们共同作为教会的工作语言，使教会对只会讲德顿语的当地人变得更有吸引力。土著教会领袖的另一个新举措，是对土著原始宗教习俗采取更加宽容的姿态，如对新皈依的信众既参加弥撒又参与土著宗教活动的做法采取了容忍态度，这使得土著人对教会的好感增加不少。

20世纪50年代到20世纪70年代，东帝汶天主教教会增长明显，牧师、修女、教堂和信众的数量几乎翻了一番。1960年代，教会管理着东帝汶60%的学校。到1974年时，教会学校有学生57 000名。这一时期，教会在土著人中间不断扩展影响，在一些偏远村庄也站住了脚。1952年，天主教教徒占总人口的13%，20年后，这一比例为29%。至1975年印度尼西亚入侵之前，经过400多年传教之后，72%的人口仍然信仰传统的"泛灵论"，天主教信徒约200 000人。

1975年，印度尼西亚入侵后，葡萄牙人关闭了一部分天主教堂，继续开办的教堂成为东帝汶人身体和心灵的双重庇护所。20多年的占领时期里，在洛佩斯和贝罗的领导下，天主教成为东帝汶最大的宗教。被占领期间，东帝汶天主教会本

---

① 嘉诺撒仁爱修女会，1828年创建于意大利。其宗旨是"让主被知被爱"（To Make Jesus Known and Loved），主张通过分享食物、给予理解、进行教化、传播福音、照顾病患、劝化不信教者、内心独省等方式迎合穷苦者和被抛弃者的需求。今天，这一派修女活跃在世界上35个国家。

身积极参与独立运动，为东帝汶人提供庇护所和精神慰藉，成为抵抗运动不可或缺的重要部分，为东帝汶最终赢得独立作出了重要贡献。如今，在东帝汶127万人的总人口中，约91.4%信奉天主教，2.6%信奉基督教，1.7%信奉伊斯兰教。佛教和儒教主要在华人中流行，仅占1%。相比天主教，这些宗教的影响十分有限。

第二章　殖民统治时期

第一节　葡萄牙殖民主义者入侵

葡萄牙人什么时候来到帝汶岛的说法不一。一说最早于1507年即到达帝汶岛，一说1509年葡萄牙人的舰队第一次开进帝汶岛。按照葡萄牙人自己的记录，第一次登上帝汶岛是在1515年8月18日，1533年在这里建立了第一个营地。葡萄牙人为什么来到帝汶岛，无疑，就是为了檀香木。一封落款日期为1510年2月6日给阿方索·德·阿尔布克尔克（Afonso de Albuquerque）[①] 的信中提到，马六甲乃膏腴之地富甲天下，来自印度古吉拉特（Gujarati）的客商在这里进行大宗的檀香木交易，其数量达1 000巴哈尔（约400 000公斤）。这封信可能引起了阿尔布克尔克的极大兴趣，第二年，他即率兵攻占马六甲城，随后派人到摩鹿加寻找檀香产地。在1512年绘制的地图中，一个"属于巽他群岛出产檀香木岛屿"便出现在葡萄牙人眼中。阿尔布克尔克是葡萄牙殖民的急先锋，因此，1511年左右葡萄牙人来到帝汶岛比较确切。

在葡萄牙人对帝汶岛初期描述中，除檀香木，岛上的居民与外界交易的物产还有蜂蜜、蜂蜡和奴隶。当时帝汶岛遍布习俗各不相同的部落，部落的规模一般比较小，整个社会还处于比较幼稚的时期，没有形成真正意义上的国家和民族，而仅仅是一些小部落的集合。部落经常举行各种活动，活动始终贯穿有复杂的仪式。一些邻近的部落之间存在婚姻和经济交往。在中部地区有名为德顿（Tetum）、布拉克（Bunaq）、科马克（Kemak）的氏族部落，它们通过联姻关系结成一个王国，称为韦哈勒王国（Wehale kingdom），都城位于拉兰（Laran），是全岛的精神

[①] 大明朝正德六年（1511年），葡萄牙战神阿方索·德·阿尔布克，T-克（Afonso de Albuquerque）率领满载着1 200名葡萄牙士兵和2 000名马尔巴拉士兵的由18艘舰船组成的舰队开至马六甲海峡，其目标就是占领马六甲城，控制马六甲海峡。经过1个多月的鏖战，马六甲苏丹将马六甲城拱手让出。马六甲城的易主，是世界格局巨变的一个标志性的事件，标志着中国势力从东南亚的整体撤退，也标志着亚洲从此进入了一个漫长的殖民时期。

圣地。①

1515年，即所谓"正式登岛"的时间，几名葡萄牙籍的罗马天主教多米尼加派传教士来到帝汶岛进行传教活动，一般都将1556年由教会正式委派的，同样是多米尼加派的传教士安东尼奥·达韦伊拉（Antonio Taveira）在欧库西的登陆看做是葡萄牙人在帝汶岛殖民历史的开始。在16世纪晚期，传教士们主要在帝汶岛南北海岸居住的部落中传教。这项工作看来十分艰巨，语言和文化以及社会经济水平的巨大差异使得传教进展缓慢，整整100年（1640年左右）后，传教士们才在帝汶岛建立了10个教区，22座教堂。这期间葡萄牙人还没有在帝汶岛建立常驻基地，也没有设立殖民机构或派驻军队，只是定期前来与当地进行贸易。贸易最重要的商品就是檀香木，另外还有蜂蜡和一些香料。传教士们也不常驻岛上，只跟随贸易船只，一年一次来岛上传教。所以，尽管一般史料上都将1556年作为帝汶殖民史的开端，但有不少学者认为整个16世纪，压根谈不上葡萄牙对帝汶岛的殖民。

早期葡萄牙人和传教士们在努沙登加拉群岛东端活动的基地，是帝汶岛北面一个叫做所罗的小岛（Solor Island），②到帝汶岛约2天的船程。尔后荷兰人夺取了马六甲海峡的控制权，也来到所罗岛，加上所罗岛上土著人的起义不断，葡萄牙人遂将基地迁往今天位于印尼的花岛（Flores Island）东部的拉朗杜卡（Larantuka）。随着时间推移，征服世界的壮志渐渐在年轻的水手和士兵心中淡去，在这片"世界之极"的遥远土地上，唯有寂寞相伴。一些心灰意冷又百无聊赖的葡萄牙士兵、水手和商人开始做定居的打算，纷纷娶土著人为妻，生儿育女，逐渐结成了被称为托帕塞（Topasses）的群体。托帕塞群体不断壮大，慢慢成为殖

---

① 韦哈勒王国的详情今天已经无从得知，东西帝汶分裂后，原来韦哈勒王国的国土遂分属两边，拉兰位于西帝汶。今天东帝汶西部的艾尔美拉（Ermera）地区居民口传的历史中，记述了数次发生在韦哈勒王国的部落之间的冲突和战争。从这些零星的资料中，可以窥测当年韦哈勒王国的模样。

② 所罗岛是一个40千米长、6千米宽的火山岛，方圆不过200平方千米的面积上至少分布着5座火山。该岛曾先后被葡萄牙人和荷兰人占领。

民的主体。[①] 托帕塞以拉朗杜卡为中心，利用与白人和土著人都有关联，同时也与传教士们关系紧密的优势，慢慢控制了拉朗杜卡、所罗和帝汶的绝大部分贸易往来，核心自然是利润丰厚的檀香木交易。由于与帝汶岛的贸易往来越来越密切，1642年葡萄牙人正式在帝汶岛设立管理机构，依托早前传教士们在岛上海滨地区建立的各个教区，加上托帕塞的亡命之徒们的暴力手段，恩威并用，迅速将势力扩展到全岛。

当时韦哈勒王国还是全岛的信仰和政治中心，被殖民者视为最大障碍，所以首先受到攻击。攻击看来取得了彻底而完整的胜利，今天即便当地人也很少知道这里还存在过一个王国。控制全岛后，托帕塞的人员源源不断来到帝汶岛，并在利弗（Lifau），也就是今天的欧库西地区建立起坚固的托帕塞社区，完全控制了帝汶岛的所有对外贸易。早期的葡萄牙殖民机构是依赖于托帕塞而建立的，因而葡萄牙政府委派的总督只是名义上的领导，而实际控制权掌握在平民身份的托帕塞手中，托帕塞与葡萄牙国内的关系也多半是象征性的。

说起葡萄牙人在帝汶岛的殖民统治，名义上拥有全岛的控制权，但实际上因为人力、财力的限制，真正可以掌控的地盘主要集中在海岸地区。对于面积更大的帝汶岛内陆地区的控制只能依赖当地部落头领，土著人称为利乌拉依（Liurai），进行间接控制。这种混合统治结构始终贯穿葡萄牙在帝汶岛殖民的历史。由于对利乌拉依的依赖，使殖民者不得不给予各个利乌拉依较大的权力，而拥有较大权力的利乌拉依反过来又往往成为殖民统治的威胁。利乌拉依常常利用部落内部对葡萄牙统治的反抗情绪，与葡萄牙人讨价还价以争取更大利益；一旦要求得不到满足，利乌拉依就会联合部落联盟发动叛乱直接威胁殖民统治。长久以来，葡萄牙殖民者对这种统治结构的看法一直非常矛盾，一方面既要依靠这种结构维持在当地的统治；另一方面这种结构常常失控，使自己的利益甚至安全受

---

① 托帕塞（Topasses）自认为是葡萄牙人的后裔，接受葡萄牙文化，讲葡萄牙语，广泛分布于南亚地区，但最主要的还是集中在17、18世纪为其主宰的帝汶岛。1560年代，托帕塞发源于所罗岛，并以所罗岛为中转站，与帝汶岛进行檀香木贸易。1653年，托帕塞受荷属东印度公司（VOC）委托前往帝汶岛建立VOC分支机构，遂开始大规模向帝汶岛进军。托帕塞凭借着檀香木这一项贸易，托帕塞不断发展壮大。18世纪末至19世纪初，檀香木贸易随着资源枯竭而日益衰微，托帕塞长期以来赖以为生的最重要的支柱业将坍塌，而托帕塞一贯的桀骜不驯的作风也使他们日益陷于孤立。托帕塞是殖民时代的产物，他们从起源到最终消亡所经历的400年的历史，实际上就是帝汶岛殖民的历史。托帕塞的消亡也就是葡萄牙人在东南亚殖民历史行将结束的信号。

到威胁。为此殖民者绞尽脑汁,却一直没有找到什么好的破解办法。

19世纪晚期和20世纪早期,经过数百年的大肆砍伐檀香木资源日渐枯竭,葡萄牙人遂又开始引种新的作物,如1899年引种咖啡,这是今天有名的东帝汶咖啡的开始。

19世纪葡萄牙在东帝汶的统治陷入了一个难以打破的怪圈。整个19世纪的葡萄牙,国内形势刀光剑影,连年血腥的"兄弟之战"使国内出现了政治大分裂,对于遥远的东方殖民地已经无力顾及。[①] 国内的虚弱,促使葡萄牙殖民当局以更加残酷的方式对待土著人以巩固统治,但其结果是不断激起土著人的反抗,频繁的反抗活动反而加剧了殖民统治的虚弱。有记载的反抗活动就有分别发生于1861年、1867年、1868年、1887年、1893年的部落起义。1908年葡萄牙统治者开始在全体东帝汶18~60岁的男性居民中征收人头税,同时规定土著人必须服劳役,如修建道路等。严苛的统治激起了土著人规模空前的大起义。这次起义又被称为马鲁发依战争(Manufahi war,1894年)和马鲁发依叛乱(Manufahi Revolt,1911—1912年间),是由东帝汶南部的马鲁发依(即今天的沙麦,Same)部落首领都汶·波拉文度拉(Dom Bonaventufa)联合数个部落发动,前后持续了16年。这次大起义的冲击,事实上终结了葡萄牙王国在帝汶的殖民统治。面对失控的局面,刚刚建立不久的葡萄牙第一共和国政府于1912年从果阿、澳门和其非洲殖民地莫桑比克、安哥拉,调集军队前来镇压,起义的烽火才最后被扑灭。这场起义中,约3 000东帝汶人被杀死,数以千计被投入监狱。

进入共和时代的葡萄牙当然没有放弃旧王国殖民地的打算,而为了维持在殖民地的统治,1910年以后,共和政府进行了多项改革,尝试提高殖民管理的效率。从这一时期开始,一些土著人,主要是部落贵族被吸纳进入殖民行政管理体系,以缓解与土著人之间日益尖锐的矛盾。

19世纪末,在帝汶岛历史上占有重要位置的群体——托帕塞逐渐淡出人们的

---

① 整个19世纪,葡萄牙国内是在动荡不安的气氛中度过的。1826—1834年,立宪派和君主派爆发血腥内战,因立宪派的佩卓和君主派的米格尔本是亲兄弟,这场战争又被称为"兄弟之战"(War of the Two Brothers)。战争以立宪派的胜利而结束,1834年佩卓年仅15岁的妹妹玛丽亚二世(Maria II)继任王位,米格尔遭放逐。但两派的斗争远没有结束,继续着各种方式的明争暗斗,兄弟阋墙,共和派趁机崛起,其结果是1910年10月5日曼纽尔二世(Manuel II)亡命英国,葡萄牙进入第一共和(First Republic)时期。一个世纪国内政局的波谲云诡,使得葡萄牙已经无暇顾及远在海外的殖民地了,管理松弛而混乱,这才给了荷兰人可趁之机。

视线，最终消失。18世纪末至19世纪初，檀香木贸易随着资源枯竭而日益衰微，托帕塞赖以存在的最重要支柱坍塌了，而长期以来托帕塞为控制檀香木贸易表现出来的贪婪和嗜血遭到葡萄牙和荷兰殖民者的共同唾弃，最终陷于孤立。自1847年到1913年，葡萄牙殖民政府不断组织武装力量打击托帕塞的势力，前后超过60次，几乎一年一次，托帕塞虽然暗中鼓动土著人进行对抗或者直接出面对抗，但此消彼长，终于土崩瓦解逐渐消失在历史长河的深处。只有他们的后代在欧库西地区一直延续到现代。

1930年以后，葡萄牙国内开始着手改革各个殖民地的管理体系，时任葡萄牙经济部长的安东尼奥·萨拉扎尔（Antonio Salazar）[1]主持了对东帝汶居民的官方的分类。东帝汶居民被划分为土著人和非土著人，后者又进一步分为混血人（mesticos）和已同化的土著人。非土著人自动获得葡萄牙国籍，并享有葡萄牙国内和东帝汶的选举权。1941年后，天主教会也加入到东帝汶的殖民管理机构中，主要负责与教育相关的事务。

然而，葡萄牙人的改革刚刚起步，第二次世界大战爆发了。

第二节　荷兰殖民势力侵入

在介绍东帝汶殖民历史的章节中曾说过，当时在欧库西沿岸有多个檀香木交易地点，不过相对优越的自然条件使交易慢慢汇聚到利弗附近。1641年左右，传教士在托帕塞的协助下开始在利弗建立起稳固的基地，修士安东尼奥·加申多（Antonio de Sao Jacinto）成功游说安贝诺家族全体接受洗礼，皈依天主教，为定居扫除了隐患。1642年，在荷兰人的东印度公司（VOC）提供经费和枪支弹药的资助下，出生于所罗岛的托帕塞上尉弗朗西斯科·费尔南德斯（Francisco Fernandez）率领90名火枪手由北向南涤荡土著人的势力，他们行动的目的就是宣示托帕塞的武力，逼迫土著部落交出檀香木生长地的控制权。这支人马数量虽

---

[1]　安东尼奥·萨拉扎尔（又译为：萨拉查）是一个地产经理的儿子，1889年4月28日出生于葡萄牙维米伊诺（Vimieiro），在孔布拉大学（University of Coimbra）神学院完成学业，1914年毕业后成为孔布拉大学的一名经济学讲师。1926年安东尼奥·卡芒纳将军（General Antonio Carmona）发动军事政变成为大权独揽的葡萄牙总理，1928年又被选举为终身总统。其时已经成为著名经济学家的萨拉扎尔出任卡芒纳政府经济部长，1932年，卡芒纳更是将权力移交给萨拉扎尔。在军队和警察等强力势力的加持下，萨拉扎尔的寡头统治维持了35年。1968年萨拉扎尔因健康原因辞职，1970年7月在里斯本去世。

少，但对于基本上还处于原始状态的土著部落来说却是根本无法对抗的，托帕塞小分队攻击了位于中部的桑巴依（Sonba'i）部落和位于南海岸的韦哈勒王国，将其一把火烧成白地。这次行动大获全胜，土著人在刺刀的威逼下不得不交出檀香木产地和檀香木的砍伐权。自此，托帕塞控制了帝汶岛最重要的檀香木产地，为垄断檀香木贸易奠定了扎实的基础。殖民的大门完全打开了，1650年代，大批托帕塞开始从花岛的拉朗杜卡迁居到这里，建立起托帕塞社区。

托帕塞这个特殊群体很长时间里充当的是打工仔、雇佣军的角色，只要给钱，为谁卖命都无所谓。托帕塞对帝汶岛的檀香木贸易垂涎已久，但苦于缺少经费和武器装备，当VOC的开拓帝汶的提议一出，双方一拍即合。只是荷兰人原来希望借助这群唯利是图之徒为自己开路，却想不到托帕塞站稳脚跟后把一切据为己有，一脚把荷兰人踢开了。就在托帕塞热火朝天的建设殖民地的时候，后悔不已的荷兰人决心亲自出马了。1653年传教士加申多开始在库柏（Cupao）也就是今天的古邦（Kupang）沿海寻找适宜殖民的地方，荷兰人按照他的指引在古邦开始构建坚固的堡垒。VOC财力雄厚，建筑要塞当然不会吝惜成本，堡垒全部用石头建造，异常坚固，建成后命名为康科迪亚（Concordia）。康科迪亚的建成，使荷兰人在帝汶岛拥有了一个坚固的支撑点，同时这里也是全天候的港口，随时可以得到荷兰人在群岛的主要基地巴达维亚（Batavia）的补给，但这里离檀香木的主要产地欧库西地区太远。荷兰人本想以坚固的康科迪亚为据点，逐渐把自己的势力向东部扩展，但就在康科迪亚城外，即遭到托帕塞联合土著人的坚决抵抗，几乎寸步难行。对托帕塞的背信弃义恨得咬牙切齿的荷兰人决定派出自己声名卓著的将军阿诺尔杜斯·万拉明（Arnoidus de Vlaming van Oudshoot）来对付托帕塞。1656年，万拉明率领刚刚在安汶岛大获全胜的队伍来到帝汶岛，这位踌躇满志的将军征尘未洗随即率领部队向帝汶岛纵深进军。然而早有准备的托帕塞在安东尼奥·德·霍尔纳依和马德乌斯·达·葛西达带领下，纠集大批土著人，将万拉明的队伍打得丢盔弃甲溃不成军，令荷兰人元气大伤。

托帕塞从檀香木贸易中攫取了巨大的经济利益，控制了所罗、拉朗杜卡和帝汶，俨然是一个独立的小王国，并在1664年前后，逐渐形成了以霍尔纳依（Hornay）和达·葛西达（da Costa）两大家族为首的内部格局。17世纪的欧库西是托帕塞的天堂，依靠檀香木贸易带来滚滚红利，他们的日子很滋润，还建立了自己的武装，俨然占山为王，过着无拘无束的惬意生活。不过，托帕塞也没有忘记在古邦虎视眈眈的荷兰人，分别在1735年、1745年、1749年发起驱逐荷兰人的战争，不过面对异常坚固的康科迪亚要塞，他们也没有多少办法。在1749年的战争中，托帕塞首领嘎斯帕尔·达·葛西达（Gaspar da Costa）集合起一支装备精良的队伍准备一举收复康科迪亚，不料行军到彭富伊（Penfui）地区时遭到荷兰人的伏击，死伤惨重，嘎斯帕尔战死。彭富伊伏击战是托帕塞历史的分界点，曾经辉煌一时的托帕塞从此走上衰落的不归路。嘎斯帕尔的死和精良武装的丧失殆尽，对托帕塞是一个沉重打击，惊慌失措的托帕塞纷纷逃回利弗，至1759年，原来控制的地盘也大片丧失。经过这次胜利，荷兰人的势力范围已经和今天的西帝汶所辖区域相差无几。

第三节　葡荷重新瓜分

荷兰人垂涎檀香木贸易时日已久，与葡萄牙为争夺对帝汶岛的控制，也就是对檀香木贸易的控制，冲突不断，双方为此都投入重兵，也付出沉重代价。在17世纪后半叶和18世纪上半叶的帝汶岛，葡萄牙人、荷兰人、土著人形成关系复杂纠缠不清的三角关系，再加上传教士对利益分配的日益不满（1834年最早的殖民开拓者多米尼加派传教士被殖民当局逐出帝汶）和手持葡萄牙王室经营檀香木授权书的商人饱受托帕塞的白眼而心怀怨恨，使得这一时期局势动荡不安。在17世纪后半叶和18世纪上半叶的帝汶岛，葡萄牙人、荷兰人、土著人时分时合，争斗不断。这一时期葡萄牙政府数次企图由其殖民的前哨据点——果阿（Goa）发动攻势，一劳永逸地解决帝汶岛问题，完全占领这个岛屿，但是由于种种原因未能实施。这一时期，已经做大的托帕塞不断尝试将荷兰人逐出帝汶岛从而独霸檀香木贸易。面对贪得无厌且越来越难以控制的托帕塞，葡萄牙和荷兰的关系有了一些微妙的变化。在解决托帕塞及其后代（又称为黑葡萄牙人，black Portuguese）的问题上，葡萄牙和荷兰开始悄悄合作。

1846年，精疲力竭的荷兰和葡萄牙开始就势力范围的划分进行谈判，但双方分歧难以弥合。荷兰人是根据一份来源可疑的文件对帝汶岛大部分土地提出领土要求的。这份文件被称为《帕拉维色尼协定》①（Contract of Paravicini），据说是1756年由韦哈勒国王和全岛部落首领的代表共同签署的。葡萄牙人于1851年最终拒绝了荷兰人的要求。但就在此时，戏剧性的一幕却发生了，帝力总督利马·德·洛佩斯（Lima de Lopes）在没有得到葡萄牙政府授权的情况下，莫名其妙地同意了荷兰人的全部要求，不仅将帝汶岛西部划分给荷兰，还将花岛东部及其附属岛屿也划给了荷兰人。令人难以置信的是洛佩斯签订了如此匪夷所思的协议，抑或是出于对势力强大又桀骜难驯的托帕塞的厌恶也未可知。里斯本闻知此事后的震怒是不难想象的，洛佩斯迅即被解职。

然而，说到底还是葡萄牙人自己的问题，整个19世纪葡萄牙国内是在动荡不安的气氛中度过的。1807年拿破伦（Napoleon）进攻葡萄牙，葡萄牙王室仓皇逃往巴西，王室威严尽扫于地，等到裘奥六世（Joao VI）1821年重返里斯本时，国内的气氛已经十分微妙。裘奥六世远没有父亲的雄才大略，只能眼睁睁看着儿子佩卓（Dom Pedro）在巴西自立为王并宣布独立，以及国内的立宪派在王室成员缺席的情况下于1822年通过大幅削减王室权利、有君主立宪性质的新宪法，并于1826年黯然辞世。随后，立宪派和君主派爆发血腥内战（1826—1834年），因立宪派的佩卓和君主派的米格尔（Miguel）本是亲兄弟，这场战争又被称为"兄弟之战"（war of the Two Brothers）。战争以立宪派的胜利而结束，1834年佩卓年仅15岁的妹妹玛丽亚二世（Maria II）继任王位，米格尔遭放逐。但两派的斗争远没有结束，在这个世纪剩下来的时间里两派继续着各种方式的明争暗斗，兄弟阋墙，只有他人得利，共和派趁机崛起，其结果是1910年10月5日曼纽尔二世（Manuel II）亡命英国，葡萄牙进入第一共和（First Republic）时期。一个世纪国内政局的波谲云诡，使得葡萄牙已经无暇顾及远在海外的殖民地了，管理松弛而混乱，这才给了荷兰人可趁之机。

葡荷双方最终于1854年完成划分帝汶岛的谈判，并于1859年经双方政府批准而正式生效。根据协议，帝汶岛的土著人按所属部落分别由葡萄牙或荷兰管

─────────────────

① 荷兰人是根据一份来源可疑的文件对帝汶岛大部分土地提出领土要求的。这份文件被称为《帕拉维色尼协定》（Contract of Paravicini），据说是1756年由韦哈勒国王和全岛部落首领的代表共同签署的。1846年，荷兰人开始就势力范围划分与葡萄牙人进行谈判，双方开始了漫长的协商讨论，分别于1893年、1904年、1913年举行了数次会议。最终于1916年8月17日，双方在海牙签署了边界划分协定。但上千年形成的部落传统管辖区域，不可能仅凭一条简单的分界线就可以割裂开来。这一问题至今仍然困扰着印尼和东帝汶政府。

辖，但是这里面存在几个问题。首先是飞地的问题，双方都有飞地位于对方管辖范围内，一旦遭到封锁，对飞地的管理如何进行？另一个问题更为棘手，双方边界是根据传统部落的领地进行划分，而这些传统部落之间压根没有明确的边界。为解决这些问题，双方开始了漫长的协商讨论，分别于1893年、1904年、1913年举行了数次会议。最终于1916年8月17日，双方在海牙签署了边界划分协定。经过一番明争暗斗，葡萄牙人占据了帝汶中东部广大区域，荷兰人占据了帝汶最西部的古邦，托帕塞占据了欧库西，这一格局一直维持到19世纪中期葡萄牙与荷兰分割帝汶岛。到这个时候所谓的"东帝汶"才正式作为一个地区的名称出现在世界上。

作为这次划分带来的后果之一，原本同属一个部落的人民被冰冷的边界分隔两边，今天在东帝汶边界两边都可以看到原属于韦哈勒王国或与其关系密切的德顿、布拉克、科马克部落的居民。这是弱小民族众多苦难中必然的一个。

第三章　日本占领时期

第一节　日本野蛮入侵

1941年12月7日，日本海军突袭珍珠港，太平洋战争爆发。随后日军以迅猛的动作，迅速进攻区内美国、英国、荷兰的殖民地。当时英国和荷兰流亡政府已和纳粹德国陷入苦战，根本难以在远东组织起有效的抵抗。而美国的太平洋舰队又丧失殆尽，日军占尽军事优势，短时间内成功攻取马来亚、荷属东印度（今印尼）、菲律宾、新几内亚、所罗门群岛等地，日本势力范围急速扩张，西至英属印度边境、东至新几内亚，到1942年1月即将完成其"绝对国防圈"的构建。

在日本军队到来之前，帝力已经有一些日本人在活动，人数约为13人，他们自称是日本农技人员和大日本航空的职员。东帝汶是一个以农业为主的地区，农业生产被少数农业公司把持，其中最重要的是成立于1897年的"祖国与工作农业公司"（Sociedade Agrlcola Patria e Trabalho）。战前公司一名经理发现公司的财务支持大部分来自一个名为"南阳株式会社东帝汶分社"的日本公司，这家公司1936年在东帝汶注册，从事货物贸易。这些人和机构的身份极其可疑。这说明日本占领帝汶岛是早有计划的，而不是如有些西方人所认为的日本原本并不打算占领这里。是得知澳大利亚派兵后才临时决定攻击帝汶岛的。

事实是，夺取帝汶岛是日军攻占荷属东印度群岛战略计划的一部分。根据这一计划，日军分三路发动进攻，日军东路部队由今村均陆军中将率领日军第16集团军及所配属的海空军突击集群组成，任务是攻击并占领万雅老、肯达里、安汶、望加锡、帝汶和巴厘。1942年1月31日伊东武夫陆军少将率领的伊东分遣队所部第38步兵旅团及支援部队开始在安汶岛登陆，几乎没有遭到抵抗即占领安汶岛，澳大利亚守军海鸥营投降。安汶岛隔着班达海与帝汶岛相望，占领安汶岛为进攻帝汶岛扫清了障碍。从2月12日开始，日军加紧轰炸古邦、彭富伊机场和邻近公路。盟军曾一度想驰援帝汶岛，但从达尔文港出发的增援部队遭到日军轰炸而不得不返回，帝汶岛完全暴露在日军的火力攻击之下。2月17日伊东分遣队由安汶岛登船，向帝汶岛开进。

1942年2月20日午夜，日军按计划在帝力和古邦以南登陆，第228步兵联队大部及配属部队约4 000人自西南面攻击古邦，同时在彭富伊机场附近投下日军横须贺第3特别陆战队307名伞兵。澳大利亚守军麻雀营被包围，坚持战斗3天后被击溃。攻击帝力的是日军第228步兵联队约1 500人的分队，由联队长土井定七大佐指挥。当他们逼近帝力港时，被盟军守军误认为是葡萄牙的增援部队，因而顺利登陆。驻守的荷兰部队遇攻击后所属的大部分印尼士兵一哄而散，荷兰军官们只好向西帝汶的阿当布阿（Atambua）撤退；澳大利亚守军第2独立连在破坏科莫洛机场后，留18名士兵掩护，余部经艾尔关拉向内陆撤退。攻击帝汶岛期间，日军"赤城"号、"加贺"号、"苍龙"号和"飞龙"号航母及配属舰只均停泊在达尔文港西北约220英里的地方保护进攻日军侧翼。

战前，澳大利亚为保卫自己的北大门，派遣少量部队占领帝力并做了防御部署。然而令人啼笑皆非的是，当日军登陆部队驶近帝力海滩的时候，被守卫部队误认为是葡萄牙从非洲调来的增援部队，致日军兵不血刃登陆帝力。守卫部队很快被击溃，退入帝汶岛中部山区坚持游击抵抗。在土著人毫无保留的支持下，游击部队坚持了近1年的战斗，日军屡屡清剿，收效甚微。为了抑制日军进军澳大利亚本土的企图，盟军对日军驻守的帝力进行了不间断的狂轰滥炸，帝力几乎被夷为平地。到1942年年底，盟军认识到，虽然东帝汶的作战牵制了日军，但总体来说意义不大，决定从帝汶岛全面撤军。

澳大利亚部队撤离后，日军展开了疯狂报复，所有曾帮助过盟军的土著人均被逮捕关押，随即被枪决、砍头或烧死。很多时候，日本人没有耐心一一甄别，干脆整个村落全部杀光，只留下牲畜作为战利品掳走。年轻妇女则被抓去充当慰安妇。土著人四处躲藏，有的在树上住了整整一年。被日军屠杀的人数估计达45 000至70 000人。2002年3月当日本人以联合国维和人员的身份踏上东帝汶土地的时候，遭到东帝汶人的激烈抗议，可见当年的伤痕尽管经过半个多世纪的时间还远远没有平复。

日军占领期间，建立了很多慰安站，经常命令部落首领交出年轻妇女为其充当慰安妇，如果得不到满足就大开杀戒。不少部落首领为保护自己部族的女性而被日军枪杀。日军对儿童也不放过，很多未成年女性也惨遭蹂躏。被日军扣留的女性根本不敢逃跑，因为一旦逃跑她们的家族甚至整个村庄就会被日军屠杀。除了性服务，这些女性还不得不为日军士兵唱歌跳舞供其娱乐。至1945年日军撤退时，很多被充作慰安妇的女性因羞愧不敢回家，害怕被家族逐出。一些女性被丈夫抛弃，一些人终生不能生育。2000年12月，几个东帝汶妇女前往东京出庭作证，为曾作为慰安妇的东帝汶女性讨还公道，不过结果和曾为日本欺凌的亚洲各国提出的类似的主张的结果一样，日本政府百般抵赖，拒不承认。至今，东帝汶的人权组织仍在为此奔走呼吁。

因为葡萄牙是第二次世界大战中立国，以及当时葡萄牙政府明显的法西斯倾向，日军占领期间并没有对殖民政府的葡萄牙人采取极端措施，只是限令他们在所谓的中立区活动不得逾越。一些葡萄牙人参加了对日军的抵抗活动，尔后被撤离到澳大利亚。①

1945年，日本战败。9月11日，澳大利亚军队在古邦城外举行受降仪式，接受日军投降。9月23日，盟军帝汶最高指挥官路易斯·迪克（Lewis Dyke）准将抵达帝力。9月27日，葡萄牙军舰满载2000名士兵抵达帝力，受到东帝汶人的欢迎。

第二节　澳大利亚牵制日军

1941年年底，日军兵锋直指小巽他群岛东端。在日军看来，占领小巽他群岛是为进军几内亚扫清障碍，但是地处小巽他群岛南面的澳大利亚却顿时感到空前的危机。澳大利亚北部只有小巽他群岛可作为屏障，此外无险可守，而包括澳大利亚在内的盟军当时对于日军下一步攻击的目标毫无头绪，作为太平洋地区最后一块日军还未染指的大陆，也作为麦克阿瑟将来反击的基地，澳大利亚的安全对于盟军至关重要。此时，志得意满的日军东集群指挥官今村均中将却不知道为什么派出小股飞机对澳大利亚本地进行小规模轰炸，如芒在背的澳大利亚人顿时坐不住了。

---

① 据记载，当时大部分生活在帝力的西方人都已经逃离市区，仍在帝力的所谓"公共安全区"内的葡萄牙人，共计有90多名流放囚犯，10多名退休公务员和退役士兵，几名农技人员，另外还有30多名欧洲人。日本人占领帝汶岛后并没有驱逐或拘禁葡萄牙人，后因与澳大利亚小部队作战不利，日军将火气发泄到葡萄牙人身上，将大批葡萄牙人圈禁在名为"中立区"实为集中营里，这促使葡萄牙人彻底倒向澳军。他们暗中与澳军联系，将大约300名妇女和儿童转运到澳大利亚。

然而澳大利亚经过第一次世界大战和战后经济衰退的双重打击，国力受到重创，至第二次世界大战开始的时候仍远未恢复，虽然早在1939年9月15日就追随英国对纳粹德国宣战，正式加入第二次世界大战，但战争准备却几乎还没有进行。1939年澳大利亚的陆军正规军只有3 000人，且装备严重不足，海空军更是装备老化，根本没有战斗力。当日本兵锋迎面而来时，澳大利亚在印尼群岛东部构筑防线的部队实在少得可怜。到1941年年底，形势已经不容澳大利亚人多想，硬着头皮派出第21团第2营——海鸥营（Gull Force）驻守安汶岛（Ambon）；第40团第2营——麻雀营（Sparrow Force）驻守古邦。

小巽他群岛最东端的帝汶岛是澳大利亚的北大门，战略地位的重要性毋庸赘言。在1941年中期，澳大利亚就通过英国与葡萄牙和荷兰商谈签订防御日本的条约，不过无果而终。作为盟军一方的荷兰，对本属自己殖民地的西帝汶的防御意愿当然没有问题，问题出在葡萄牙身上。第二次世界大战爆发后，葡萄牙宣布为中立国，而萨拉扎尔独裁政府的法西斯倾向是人所共知的，与轴心国的关系暧昧。当时葡萄牙在东帝汶的驻军只有约一个营的兵力，可能是希望借中立国的地位可以躲过日军的攻击，日军就是顾及这一点在攻占香港后没有继续攻击澳门，也就无意加强在东帝汶的防御。盟军多次敦促葡萄牙加强东帝汶防御无果，1941年年底，随着东南亚大部分地区的沦陷，形势越来越紧张，澳大利亚人决心不管葡萄牙的态度，进军东帝汶。

1941年12月17日，澳大利亚和荷兰士兵组成的小部队攻击了帝力。这支小部队由澳大利亚陆军第2营第2独立连和荷兰军官加上印尼士兵组成的共计260名的荷兰部队以及一些支援部队构成，全部人数为400人，指挥官是亚历山大·斯彭塞少校（Major Alexander Spence）。他们，再加上海鸥营和麻雀营，这就是澳大利亚所谓马来屏障（Malay Barrier）的全部人马了，统一归2月12日抵达古邦的威廉姆·韦尔准将（Brigadier William Veale）指挥。

这支小部队从澳大利亚的达尔文港出发，在帝力海岸登陆，没有遇到抵抗。随后成战斗队形展开，小心搜索前进，直到帝力市中心，只见每一幢建筑上都飘着葡萄牙国旗，但是却没有看到一名葡萄牙士兵。澳荷士兵一直到总督府楼前，仍然没有看到一个葡萄牙士兵。军官分析葡萄牙军人可能集结在总督府大楼内以便集中力量组织抗击，于是命令士兵包围大楼。士兵们端着枪弯着腰，严格按照战术要求，隐蔽接近到大楼下面，只等长官一声令下就冲上去。突然，大楼的一扇窗户打开了，精神绷紧的澳荷士兵齐刷刷将枪口对准了这个窗口，却只见一个平民打扮的官员朝他们挥着手，用标准的英语说道："下午好！"

1942年2月20日，日军开始执行攻占帝汶岛的作战。伊东分遣队的第38旅团是这次作战的主力。由联队长土井定七大佐指挥的日军第228步兵联队约1500人在帝力登陆，由于被防守市区的荷兰部队误认为是葡萄牙增派的援军，所以不费一枪一弹冲进了帝力。[①]首先接敌的荷兰部队做了短暂抵抗后，所部的印尼士兵一哄而散，剩下的荷兰军官也只好向西帝汶的阿当布阿（Atambua）撤退。面对强敌进攻，第2独立连表现出了很高的战术素养，他们冷静地破坏了科莫洛机场后，留下18名士兵掩护，余部经艾尔美拉向内陆撤退。

日军对帝汶岛东西两端的同时攻击，使第2独立连失去了直接领导，只得独立作战，好在3月他们与麻雀营的散兵在洛洛铎依（Lolotoe）会合，力量有所加强。麻雀营还有40名士兵逃脱日军包围，在美末（Memo）隐藏起来，监视西帝汶日军动向，活动范围主要在马里阿娜（Maliana）盆地，通过澳大利亚的空投和小船偷运获得补给。

第2独立连和麻雀营剩余的部队在斯彭塞少校指挥下，且战且退，深入到东帝汶内陆山区。东帝汶尽管面积不大，但是内陆地区山峦起伏沟渠纵横，各地之间又往往没有道路相连接，地势上有利于澳军的隐蔽，所以尽管日军多次组织追击，却总是无功而返。第2独立连本来就是被训练来执行敌后作战任务的特种突击部队，娴熟良好的军事技能此时尽显优势，尽管进行的是无依托作战，也缺乏重武器和车辆，更没有己方后勤和火力支援，但是在斯彭塞少校的率领下，利用东帝汶的崇山峻岭不仅保存了自己，还与日军大打游击战。这一支澳军小部队一度与澳大利亚总部失去了联系，但他们在强敌环侍的险恶环境下，英勇不屈，不断组织袭扰、伏击、狙杀等小规模作战。日军空有人数和装备上的优势，控制范围被紧紧地压缩在帝力及周边地区。

日军占领帝力后，葡萄牙人悠闲惬意的殖民地生活马上被打破了，一些葡萄

---

① 指挥对帝汶岛作战的伊东武夫陆军少将，在东南亚作战屡有战功，1941年8月刚刚被擢拔为少将。在担任第38步兵旅团指挥官之前，指挥第114步兵团（联队），参加过"七七事变"。攻占帝汶岛后，伊东武夫指挥第38步兵旅团参加了瓜达尔卡纳尔岛战役，后任第40独立混成旅指挥官驻守新爱尔兰岛，1944年11月晋升陆军中将。日本战败后向澳大利亚第1军投降，之后被远东国际军事法庭拘押，1946年5月被无罪释放。土井定七大佐指挥第228步兵联队拳加过香港战役，后任第69独立混成旅和第4混成旅指挥官，1968年死于日本。

牙人因为反抗遭到日军枪杀，其中包括神职人员。葡萄牙人对日军的厌恶情绪日益增长，开始暗地里帮助仍在战斗的澳军。这时出现了战争中的一个奇观：不断受袭扰而寝食难安的日军因为消息闭塞不畅大伤脑筋，而处于被围剿追击的澳军却不紧不慢地摇着葡萄牙人控制下的电话相互传递消息、通报敌情和进行战斗部署。与本土失去联系的问题也解决了，只要打个电话回去就行了。

得知自己的小部队不仅没有受到多大损失，反而通过袭扰有力地牵制了日军在东帝汶的行动，盟军方面真是大喜过望。盟军判断日军占领帝汶岛后要么继续前进占领几内亚群岛，要么南下攻击澳大利亚本土，不管怎样，第2独立连的战斗都牵制了日军的行动，最起码起到了迟滞的作用。获得小部队的准确位置后，盟军向第2独立连空投了必要的物资和无线电台，另派遣一些支援部队乘船潜入东帝汶与他们汇合以加强他们的力量。

日军驻东帝汶司令官伊东武夫陆军少将此刻多少有点心烦意乱，食不甘昧了。占领帝汶只是伊东分遣队的任务之一，按照既定的作战计划，占领帝汶后伊东分遣队要继续向东攻击占领几内亚群岛，打击游击队这样的守备军任务可不是像伊东分遣队这样能征惯战的野战军擅长和应该干的事情。可是不尽快肃清抵抗力量，占领帝汶岛作为前进基地的价值就大打折扣，而且部队得不到休整，下一步的计划就不得不延迟。然而游击队好像越打击越强大，活动愈加频繁；另一方面，帝汶岛炎热的气候和恶劣的自然条件比爪哇更甚，士兵们早已经疲惫不堪，士气不免低落。伊东深知，以帝汶的自然地理条件，对付游击队最好的办法就是小分队作战，此刻急需要一个能带领小部队与敌人短兵相接，用胜利来提振士气的人。

5月22日，"新加坡之虎"率领一个日军小队（约30余人）自帝力出发，前去位于帝力南部的阿伊勒乌（Aileu）地区的一个叫做勒美西奥（Remexio）的村庄扫荡。然而，令"新加坡之虎"意想不到的是，他甫抵帝力，澳军就得到了情报，他在帝力的一举一动都被担任澳军侦查员的土著人和葡萄牙人详细地通报给了澳军。是日，"新加坡之虎"一出发，负责嘹望观察的土著人就将他的部队的行进路线、人数、装备等消息不断传回澳军营地。大队日军也许会令澳军紧张，可一支小部队对占尽天时、地利、人和的澳军来说还是有信心对付的，他们决定伏击这只"老虎"。埋伏已久的狙击手一枪，"新加坡之虎"应声落马，殒命当场。指挥官被击毙，剩下的大约24名日军士兵无心恋战，抢回尸体，飞快逃回帝力。

斯彭塞的第2独立连和其他澳军部队能够生存下来，还坚持斗争，除了这支部队的英勇，一个重要的原因是得到了东帝汶土著人倾尽全力的帮助。土著人对澳大利亚的情感上的亲近感来源何处，很让人困惑。也许是目睹了日本人的嗜血残忍，遂决定帮助与日军作战的澳大利亚人。尽管东帝汶土著人长期以来是以孱弱的面貌出现在世人面前，但并不代表他们的内心也孱弱，相反东帝汶人崇尚英雄，愿意追随英雄赴汤蹈火。澳大利亚士兵此刻也许就是土著人心目中的英雄。在澳军转战东帝汶各地游击抗敌期间，很多土著人加入到澳大利亚人的队伍中，为他们提供各种支援保障，如带路，运送伤员，携行装备，提供食物，寻找宿营地，甚至为澳大利亚士兵充当仆役；另一些人则作为战斗人员，挖陷阱，破坏道路，设置路障，侦察敌情。

为达到牵制日军的目的，盟军依托澳大利亚基地，不断轰炸帝力等日军的集中驻地，帝力市几乎被炸成白地，这是帝力建市后第一次被毁。同时，盟军还不断派遣小分队前往东帝汶，突袭骚扰各地的日军。这些突击队员登陆后面临的危险不言而喻，但因为得到当地土著人的帮助，他们总能化险为夷。

盟军一直通过海空军队给坚守在东帝汶的部队进行补给，撤离伤员和平民，日军遂开始加强对补给舰船的打击。一艘满载荷兰士兵的军舰阿尔米达（Armidale）号被日机击沉在东帝汶东部。到1942年年底，盟军认识到，虽然东帝汶的作战牵制了日军，但总体来说意义不大，并且要彻底打垮帝汶岛的日军，所需要的庞大军力又是当时盟军力所不及的。盟军战区最高司令官麦克阿瑟在1943年1月25日提交给澳大利亚作战咨询委员会的意见最具代表性："1.麦克阿瑟注意到日军为对抗澳大利亚的进攻和压制澳大利亚与荷兰突击队持续不断的袭扰而不断加强在帝汶岛的军力。""2.最高司令官强调，他（目前）并没有夺回帝汶岛的力量。并且，日军在这一区域拥有制海权，自澳大利亚出发的部队不可能空降或者有足够军力在空中支援下而夺回此岛。""3.任何关于夺回帝汶岛的计划均为时尚早。附：当然是在他首先夺回菲律宾之后。"[1]

盟军最终决定自帝汶岛全面撤军。自1942年年底至1943年1月，包括第2独立连在内的盟军部队和一些葡萄牙平民全部撤回澳大利亚。总的来说澳大利亚军队在这一年的作战中代价轻微，第2独立连最后撤回时只阵亡10人，而其间盟军总的阵亡人数是450人，相比日军阵亡2000人来说，还是值得的。

---

[1] 安朴：《檀香与鳄鱼——走进东帝汶》，四川大学出版社，2012年，第130页。

第三节 葡萄牙恢复在东帝汶的殖民统治

第二次世界大战烽火熄灭，葡萄牙人再次回到东帝汶，此时帝力市只剩下一片焦土瓦砾。葡萄牙殖民政府开始着手重建，以恢复建立在葡萄牙管理下的秩序。[①] 经过战争的破坏，东帝汶本来就没有多少的基础设施毁坏殆尽，重建的首要任务就是恢复基础设施。然而重建工程对于东帝汶来说规模过于浩大，几乎所有土著人被派上了工地，严苛的劳役，使得土著人怨声载道，不满情绪开始积聚。这一时期，东帝汶人中出现了谋求独立的思潮。轰动一时的1959年大起义在这样的背景下爆发了。[②] 1959年大起义的过程在后面还会详细介绍，这是葡萄牙殖民时期在东帝汶发生的最后一次大规模反抗行动，与以前的反抗不一样的是，这次起义第一次竖起了争取独立的旗帜。

葡萄牙的海外殖民历史在老欧洲殖民历史上占据着两个最不光彩的地位，既是殖民时代的发轫，也是殖民时代的收官。第二次世界大战以后，各个原殖民地纷纷走向民族独立，只有葡萄牙所属的殖民地还维持着殖民统治，葡萄牙政府辩称这些地方不是殖民地而是葡萄牙的"海外省"，包括中国澳门。不过这种自欺欺人的说法也没有维持多久，1961年至1975年间，葡萄牙所属非洲殖民地：葡属几内亚（今几内亚比绍）、安哥拉、葡属东非（今莫桑比克）等相继爆发独立战争。第二次世界大战后，非洲大陆大部分国家获得了独立，只有萨拉扎尔领导的葡萄牙称其非洲所属领地是"海外省"，也就不存在去殖民化的问题。1956年开始，"安哥拉人民解放运动"（Movimento Popular de Libertacao de Angola，MPLA）、"几内亚和佛得角非洲独立党"（Partido Africano da Independencia da

① 这时葡萄牙还在安东尼奥·萨拉扎尔的铁腕统治之下，因而还被看做是一个独裁国家，但出于地缘政治的考虑还是被接纳进北约组织，随后又根据马歇尔计划得到美国的大规模援助，加上葡萄牙的经济政策有开放的倾向，国际投资迅速增长。1950年代，葡萄牙经济开始复苏，一度还是欧洲经济增长最快的国家。

② 维格格位于东帝汶东南部，距离帝力183千米。1950年代中后期的东帝汶，土著人的生活境遇悲惨，一些在东帝汶殖民政府任职的年轻人中间开始出现越来越强烈的独立思想潮流。他们大多数是为葡萄牙人服务的低阶杂役，对葡萄牙人疯狂掠夺资源和肆意践踏土著人权益的做法深恶痛绝。他们计划于1959年12月31日趁葡萄牙人庆祝新年疏于戒备的时机在帝力起义，由于起义计划被泄露，于是提前至6月7日行动，但遭到殖民当局残酷镇压，轰动一时的1959年大起义很快落下了帷幕，但在东帝汶历史上，这次起义标志着东帝汶人争取独立的开始。

Guine e Cabo Verde，PAIGC）、"莫桑比克解放阵线"（Prente de Libertacao de moeambique，FRELIMO）等民族主义政党先后成立。葡萄牙殖民当局对此实行扼杀政策，1959年在多地出现流血事件。1961年2月4日，MPLA首先发动武装反抗；1963年1月23日，PAIGC领导的游击队也发起了进攻；1964年9月25日，FRELIMO宣布开始武装斗争。各地的反叛令葡萄牙政府拙于应付，苏联、古巴等国又趁机给各地游击武装大量提供武器弹药和军事顾问，令形势雪上加霜。为应对此起彼伏的战事，葡萄牙政府不得不投入大量人力物力，1972年，葡萄牙总计20万兵力中约有16万被投往非洲；到1974年5月止。葡军共伤亡3.4万余人，另有8.4万多人非战斗减员。而国小民寡的葡萄牙根本无力招募更多士兵，只得延长士兵服役的期限，甚至强征不适于服役的人入伍。战争的巨大消耗也使葡萄牙财政难以为继。1967年仅殖民地军费即占到政府财政预算的40%，已经是葡萄牙不能承受之重了，除了军事打击，萨拉扎尔政府还出台了一系列经济政策，如免除"海外省"的进口关税，对"海外省"的出口也给予优惠税率，提供大规模优惠贷款等，希望改善殖民地的民生以减轻土著人的对立情绪。然而无可奈何花落去，铁血的萨拉扎尔健康每况愈下，不得不于1968年宣布退休。国际上对葡萄牙顽固的殖民主义政策批评的调门逐渐升高，葡萄牙在国际上越来越陷于孤立；而葡萄牙国内反对浪潮不断高涨，罢工、罢课、游行示威层出不穷，被派往非洲的葡萄牙士兵及下级军官越来越多地采取集体逃跑拒绝上船出发甚至起义等方式抗拒战争。1970年7月，独裁统治35年的萨拉扎尔病逝。1974年4月25日里斯本发生了军事政变，史称"康乃馨革命"，[①]萨拉扎尔继任者马尔塞罗·卡尔塔诺（Marcelio Caetano）被推翻。

　　卡尔塔诺政府垮台后，葡萄牙军政府立即着手解决殖民地问题。1974后，葡萄牙相继承认几内亚比绍、莫桑比克、佛得角群岛、安哥拉独立。不过所谓解决真是抬举葡萄牙了，实际上葡萄牙采取的纯粹是扔包袱的做法，毫不负责任地一

---

① 参见前文第11页，《导论》第三节"独立运动时期"注释①。

走了之。此后，上述各国陷入数十年内战，个中悲惨，令人扼腕。①

非洲独立运动的兴起，使东帝汶的独立运动深受鼓舞，随着葡萄牙人对社会控制的放松，独立主义者，②终于可以公开宣扬他们的主张了。此时在东帝汶人看来，独立已经是早晚的事情，独立以后怎么办才是关注的焦点。由于对于独立后的道路的不同理解，他们结成了不同的政治团体。

1974年5月11日，"帝汶民主联盟"（The Uniao Democratica Timorense，UDT）率先成立，③这是一个以各个部落首领为主的政党。UDT先主张继续与葡萄牙保持密切联系，通过一个较长的过渡期最后实现民族自治，然后很快，他们又极力主张与印尼合并。

1974年5月20日，"帝汶社会民主协会"（Timorese Social Democratic Association，ASDT）也宣告成立，9月，这个团体将自己的名称改为"东帝汶独

---

① 急于摆脱非洲负担的葡萄牙，在卡尔塔诺政府垮台后，立即着手解决殖民地问题。1974年8月26日，葡萄牙宣布在法律上承认几内亚比绍共和国，并于同年10月31日之前撤出它在几内亚比绍的全部军队；1974年6月及9月，葡萄牙与FRELIMO谈判达成《卢萨卡协议》，承认莫桑比克独立；1975年7月12日，圣多美和普林西比宣告独立；1975年7月5日，佛得角群岛宣布独立；1975年11月11日MPLA单独宣布成立安哥拉人民共和国。如释重负的葡萄牙政府根本无暇，也无力考虑去殖民化后的过渡问题，一时间在非洲大陆出现了一次惊人的大逃亡，数以十万计的分布在各殖民地的葡萄牙人蜂拥回国。（莫桑比克独立后，包括殖民政府的各级官员、管理者、技术人员在内的20万葡萄牙人和其他白人，在1年的时间里几乎撤光；安哥拉独立后立即爆发内战，6个月内，30万白人出逃。）各个殖民地随即陷入旷日持久的内战。

② 经过1959年起义后的清洗，独立运动在人员上遭到惨重损失，但这时新生的力量又成长起来了。看到非洲各个葡属殖民地纷纷获得独立，东帝汶开始讨论独立后东帝汶的发展了，然而对于独立后何去何从出现了意见分歧。第一种认为东帝汶独立后应该继续保持与葡萄牙的密切关系；第二种认为东帝汶独立后应立即加入印尼；第三种则坚持完全的、没有任何附加条件的独立。意见的分歧在各派之间难以调和，逐渐使各派的界限泾渭分明。

③ "帝汶民主联盟"（UDT）起先的目标是谋求独立和独立后在一个比较长的过渡时期内继续保持与葡萄牙的密切联系，创建者包括卡尔拉斯卡劳（Carrascalao）三兄弟——马里奥（Mario）、马鲁埃尔（Manueal）、若奥（Joao），多明戈斯·奥利弗伊拉（Domingos de Oliveira），弗朗西斯科·夏瓦尔·科鲁兹（Francisco Xavier Lopes da Cruz），塞尚·奥古斯都·牟西诺（Cesar Augusto Mousinho）等。马鲁埃尔是一个林业工程师和咖啡种植园主，多明戈斯和弗朗西斯科是海关官员，塞尚是帝力市市长。他们关注民主化、人权、民族自决、社会收入再分配等，并声称拒绝任何欲使独立后的东帝汶加入别的国家的企图。然而到了1974年9月，UDT的主张来了一个180度大转弯，声称支持并入印尼。

立革命阵线"（Frente Revolucionaria de Timor-Leste Independente，FRETILIN）。[①]
FRETILIN主要由在殖民政府供职的东帝汶知识分子组成，他们主张东帝汶完全
独立，不依附于任何别的国家。由于他们的主张代表了当时东帝汶各个社会阶层
的普遍愿望，因而得到广泛支持。

同年5月25日，"帝汶普及民主协会"（Associacao Popular Democratica
Timorense，APODETI）成立。[②]这个团体的成员多是东帝汶最富有的阶层，与印
尼关系密切，坚定地主张与印尼合并，实现东西帝汶的统一。

其他还有一些小的党派，托帕塞的后代组织的KOTA，意为"山地武士的子
孙"（Sons of the Mountain Warriors）；主张与澳大利亚合并的劳工民主党等。

1974年11月，葡萄牙政府委任马里奥·勒莫斯·皮勒斯（Mario Lemos Pires）
为帝力新总督。事先皮勒斯已经确定是末任总督了，里斯本给他的任务就是花尽

---

① "帝汶社会民主协会"（ASDT）的领导人有弗朗西斯科·夏瓦尔·阿玛拉尔（Francisco Xavier do
　Amaral）、若惹·拉莫斯·奥尔塔（Jose Ramos Horta）、朱斯迪诺·莫塔（Justino Mota）、尼克劳·罗巴
　铎（Nicolau Lobato）等人，他们多为政府职员，如教师、行政管理人员等，自称是"社会主义者"，制
　定了雄心勃勃的发展规划，关注教育、卫生健康、经济、乡村建设，力图让最大多数的东帝汶人参与
　到政治体制中，并主张保护和发扬东帝汶的文化与传统。他们主张东帝汶完全独立，不依附于任何别
　的国家。1974年9月，这个团体将自己的名称改为"东帝汶独立革命阵线"（Frente Revolu-ciondria de
　Timor-Leste Independente / Revolutionary Front for ail In-dependent East Timor，FRETILIN）。从名称就
　可见其受FRELIMO影响之深。由于他们的主张具体可行，代表了当时东帝汶各个社会阶层的普遍关
　注点，因而不仅得到各部族的支持，还得到广大农村中大多数村落和组织的支持。
② "帝汶普及民主协会"（APODETI）是一个竭力主张与印尼合并、普及印尼语教育的团体，组成人员
　社会地位很高，主要是商人、海关官员、颇具影响力的独立运功早期领导人等。他们与印尼政府关
　系密切，自1960年代就开始与印尼秘密机关交换情报并获得财政援助。领导人阿尔纳多·阿纳鸟若
　（Arnaldo dos Reis Arauio）是一个牧场主，奥沙里奥-索阿勒斯（Osario Soares）是一个地方长官兼学校
　教师。他们得到阿德砂贝部族的强有力支持。领导人之一的谷依耶尔麦·刚嘎维西（Dom Guilherme
　Gongalves）即是阿德砂贝和科马克的利乌拉依，他通过联姻关系与德顿和布拉克氏族部落结成紧密联
　盟。在前文中已经提到，阿德砂贝、科马克、德顿在帝汶岛中部地区构成一个强大的部族联盟，一度
　被称为韦哈勒王国，以后由于葡荷分治，这些部族被边界分隔在两边，但他们之间的血脉联系不可能
　被边界割裂，而这些部族又与邻近地区的部族有千丝万缕的联系，也就是说，谷依耶尔麦·刚嘎维西
　在边界两边都有巨大的影响力。

量少的代价结束殖民统治。公平地说，皮勒斯也做了一些努力，[①]不过由于各个党派意见分歧严重，皮勒斯很快放弃了尝试。

1975年中，在皮勒斯主持下，FRETILIN和UDT合作筹备组建独立政府事宜，着手安排进行大选。其时FRETILIN的支持率不断攀升，在随后的大选中获得胜利，担心会失去在未来政府中位置的UDT于8月10日猝然发动政变，想要抢先获得对政权的控制。UDT民兵迅速占领了通讯设施和机场，但FRETILIN立即进行了回击，内战瞬间爆发了。双方的流血冲突持续到8月27日，付出至少2 000人死亡的代价，以FRETILIN控制了帝力、UDT败退告终。事态平息后，FRETILIN接受了大部分葡萄牙遗留资源，包括武器装备和在葡萄牙军队中服役的士兵，以此为基础建立了FRETILIN的军事组织"东帝汶民族解放武装力量"（Armed Forces for the National Liberation of East Timor，FALINTIL）。

葡萄牙殖民当局眼见局势失控，冲突正烈时全体逃到阿陶罗岛上躲避，形势稍有好转，更无心逗留，悄悄地溜之大吉了。葡萄牙在东帝汶400多年的殖民历史就这样草草收场了。正所谓"其兴也勃焉，其亡也忽焉"。[②]

---

① 作为去殖民化政治改革的尝试，1975年3月在劳顿地区举行了一次地方领导人的选举，以改变一直以来地方领导人由部落首领担任的传统，村民们往代表各个候选人的篮子里扔小石头进行选举，石头多的候选人胜出。FRETILIN这时已经在全东帝汶建立了明显优势，他们推出的候选人获胜。皮勒斯希望势力最大的三个政党进行联合，FRETILIN和UDT接受联合的主张，不过APODETI拒绝出席商讨会议。由于各党派意见不一，皮勒斯最终放弃了尝试。

② 末代总督皮勒斯上任之初，确实对东帝汶的后殖民时代有所规划，并做了一些努力，不过在葡萄牙急于摆脱殖民地负担的大背景下，他从里斯本得到的支持和授权十分有限，而他本人显然对维持东帝汶的稳定并无热情。面对失控的局面又没有尝试任何对策甚至根本束手无策，最后他干脆悄无声息地离开东帝汶。

第四章　独立运动时期

第一节　1959年大起义

维格格（Viqueque，德顿语为Vikeke），位于东帝汶东南北，距离帝力183千米。维格格地区面积1 781平方千米，2004年统计有人口66 434人，下辖包括维格格镇在内的5个地区，辖区设置与葡萄牙殖民时期相同。维格格南临帝汶海（Timor Sea），北接包考，东连劳顿，西牵马拉笃笃，是东帝汶东部要冲之地。在东帝汶历史上，这里是1959年发生的大起义的主舞台，这次起义标志着东帝汶人争取独立的开始。

50年代中后期的东帝汶，土著人的生活境遇悲惨，人们辛苦劳作，但只能得到一部分工钱，澳大利亚人开办的帝汶石油公司付的工钱，大部分被本地官员克扣，能发到普通劳力手里的往往还不到三分之一。当地村民对官员们的贪污腐化已经到了难以容忍的程度。要是谁拒绝干活，就会被官员们关起来。但殖民当局高压严苛的统治，没有使土著人更驯服，反而加速了土著人谋求独立的思想的萌芽，这恐怕是殖民者意料之外的。

在早期独立思想萌芽的阶段，弗朗西斯科·西科·洛佩斯（Francisco Ciko Lopes）的地位十分突出。此人是一个民族主义者和独立鼓吹者，1930年至1940年间，被荷属西帝汶驱逐后进入东帝汶。进入东帝汶后，时值日军占领时期，弗朗西斯科·洛佩斯与日军合作过。

日军撤退后，弗朗西斯科·洛佩斯以通敌罪被葡萄牙政府逮捕，关押在阿陶罗岛。刑满释放后，他前往位于西帝汶边界地区的阿当布阿居住。在此与一些受过教育的东帝汶青年接触，传播他的民族独立的思想。1953年至1954年间，洛佩斯对自己的思想进行了整理，开始正式宣传东帝汶人民应该推翻葡萄牙的殖民统治，争取民族独立。他还宣称，争取独立的方式是并入已经取得独立地位的印尼。其思想在东帝汶，特别是被人为分裂在两边的中部地区居民间，很有代表性。而印尼人赶走荷兰人获得民族独立的活生生的例子，使东帝汶人看到了争取独立的曙光。弗朗西斯科·洛佩斯通过边界地区思想激进的牧师与一些有独立思想倾向的东帝汶年轻人保持着密切联系。

50年代，一些在东帝汶殖民政府任职的年轻人中间开始出现越来越强烈的独立思想潮流。他们大多数是为葡萄牙人服务的低阶杂役，都对葡萄牙人在东帝汶疯狂掠夺资源和肆意践踏土著人权益的做法深恶痛绝。他们受印尼独立的鼓舞，寻求已经获得独立被认为有了独立经验的印尼人的帮助，或许是受到弗朗西斯科·洛佩斯思想的影响，他们都主张独立后与印尼合并。他们找到印尼驻帝力领事拉苏德纳·苏瓦尔诺（Lasutna Suwarno），希望得到他的指导。苏瓦尔诺对这些年轻人十分热情，还允诺一旦东帝汶赶跑了葡萄牙人，他将负责与印尼中央政府协商合并事宜。1958年至1959年早期，原先分散的独立分子开始集结成团体，他们活动频繁，主要通过走家串户的方式宣传独立思想，每过一段时间就利用婚礼及其他集会的时机召开会议讨论局势。

1957年苏拉威西岛爆发反对雅加达统治的分离主义活动，反抗分子们声称反对雅加达的共产主义倾向和伊斯兰化。这些反抗分子随后到达古邦，在当地青年人、教师、部分军人的支持下于1957年4月3日发动武装叛乱，与政府军警发生流血冲突。叛乱被平息后，14名参加叛乱的印尼年轻人逃入东帝汶管辖的欧库西地区。这就是所谓的"印尼14人"事件。葡萄牙当局拘捕这些人，将他们押解至帝力，随后又安置在包考。14名印尼人刚刚在包考安置下来，马尔瑟里诺（Marcelino Antonio Fausto）就上门拜访，很快与14人的头儿杰尔森·佩罗（Gerson Pello）成为亲密朋友。他们以足球队为掩护，成立明暗两个秘密组织：明者走武装反抗道路，筹建军事组织；暗者挑选精干成员打入帝力政府内部，掌握殖民当局的动向。两个秘密组织之间实行严格的单线联系，避免其中一个被破坏后危及另一个。

1959年3月左右，一份起义的完整计划形成了。计划于1959年12月31日趁葡萄牙人庆祝新年疏于戒备的时机在帝力起义，然而如此机密的起义计划，刚刚制定完成没有几天，在3月底4月初的时候，就摆在了葡萄牙人的桌上。民间一个广泛流传的说法是一个女仆偷听到了独立分子的会议并报告给了葡萄牙人。不过参加起义的领导人事后认为是他们自己人出卖了自己，还专门提到了几个可能泄密的人。不过，兴奋过头的准备参加起义的人员不分场合地大谈起义，3月间在帝力参加过各种公共活动或集会的人多少都耳闻过这份计划，最终让葡萄牙人嗅到了味道，也许才是计划暴露的真正原因。

　　时任帝力总督正巧回国休假了，代理总督马鲁埃尔·阿古依阿（Manuel Aguiar）中校接到关于起义的报告后，十分紧张。5月27日一早，他叫来参谋长卡尔瓦诺（Carvalho）上尉，布置戒备事宜。大批军警换上平民服装在街头巡逻，秘密搜捕独立分子。至6月3日，被捕人数达15人，帝力的独立分子骨干大部分都在其中。

　　消息传到维格格，起义领导人顿时感到了寒意，如果不采取行动，帝力的逮捕行动马上就会落在他们身上。起义领导人决定马上行动。1959年6月7日星期天傍晚开始，他们迅速召集人马，派人给附近有联系的村落送信告知起义的消息，要求他们一起行动。此时维格格的地方长官阿都尔·拉莫斯（Artur Ramos）对于起义的事情毫不察觉，他认为维格格一切平静，还放了两个本应该值班的警察和他们带的民兵的假，按照帝力的要求，准备第二天把几个印尼人押送去帝力。

　　就在午夜时分，起义的大队人马打出了红白相间的旗帜——印尼的旗帜，冲进政府机关，将官员和警卫通通抓起来，捆绑后从窗户扔了出去。攻克弹药库后，起义人群向周边村落进攻，杀掉葡萄牙人任命的官员，占领和控制了这些地区。维格格的地方长官拉莫斯和家人驾驶一辆吉普车仓皇出逃。帝力当局得知起义的消息，任命驻守包考的马鲁埃尔·若奥·法亚铎（Manue Joao Farjado）上尉全权指挥包考地区的驻军和从帝力增派的部队。

　　尽管开始进展得十分顺利，起义领导人权衡双方实力，觉得与葡萄牙军队交战毫无胜算，遂决定向西退却，通过边界撤到印尼境内。但是适逢雨季，洪水冲毁道路，使起义部队被阻滞在瓦铎·卡拉宝（Uato-Carabau）地区整整4天。葡萄牙人趁机在巴固伊阿（Baguia）地区构筑起坚固防线，配备了机枪。6月11日天气终于转好，起义人马准备开拔，但显然他们对过去4天葡萄牙人做了些什么毫不知晓，在巴固伊阿遭到阻击后，十分草率地组织进攻，希望强行通过，然而机枪的弹雨迎面而来，进攻被葡萄牙人轻易击败。随后两名葡萄牙士兵携带榴弹发射器赶来加入防守队伍，当起义人马再次进攻时受到沉重打击。连续进攻失利，暴露出起义人马乌合之众的本来面目：他们所用的枪支本就陈旧不堪，加上使用者根本没有受过训练，往往乱放一气，或者干脆炸膛，本来就不足的火力因分散更加微弱；进攻时一哄而上，压根不知道战术配合，正好成为榴弹这样的杀伤武器的活靶子。几次攻击不利，起义人马阵脚大乱，一些人见势不妙，纷纷逃亡。

而同时，法亚铎率领的部队从包考出发，攻占了维格格，起义人马面临两面夹击的困境。

葡萄牙人重新掌握主动权后，于6月11日开始大规模逮捕行动。包括部落首领在内的参与起义的土著人均被逮捕。6月16日，起义领导人之一佩罗被抓获。随后，葡萄牙人在各个村落中悬赏捉拿反叛分子。为了获得赏金，土著人甚至把反叛分子的未成年的孩子杀了送去邀赏。从这一点也可以看出，不管组织者多么热血沸腾，独立的意识还远远没有深入人心。另一个起义领导人马鲁埃尔·杜阿德腿部负伤，在山洞里躲藏了一段时间。他的赏额是最高的500澳元，相当于殖民政府一个高官一月的薪金。为了追查其他参与者，代理总督阿古依阿要求必须活捉他。杜阿德和宾铎觉得继续躲藏不是办法，知道要被活捉的消息后看到了一线生机，遂通过一个部落长者与葡萄牙接洽投降。7月1日，杜阿德和宾铎在鸥苏向葡萄牙人投降。被捕后两个人被拉莫斯打得遍体鳞伤，随后押往帝力。

为进一步控制局势，葡萄牙人全面加强了东帝汶的军力，7月26日，两艘从澳门出发的军舰抵达帝力。追歼起义残余人员和整肃秩序的行动持续了一段时间，其过程十分血腥残暴。整个镇压行动中被杀死的土著人大约有1 000人，这个数字从500~4 000的都有记录，哪一个更接近真实情况无法证实。受到牵连而被捕的人则一直没有可靠的数字，这些人被关押在阿陶罗、包考、维格格等地。"印尼14人"中的直接参与起义的4人和11名被认为是起义领导人的东帝汶人被押往里斯本受审，随后流放到安哥拉，包括杜阿德、佩罗等。与他们同船离开帝力的还有被驱逐的印尼领事纳斯瓦·雅克布。之后还有一批人（约54名）也被流放到安哥拉、莫桑比克等地。

苏加诺亲自致函萨拉扎尔要求释放被捕的印尼人，4名印尼人在1961年经印尼红十字协会渠道被释放回到印尼。在安哥拉被关押15个月后，杜阿德等人被释放。轰动一时的1959年大起义就此落下帷幕。这一次起义只是土著人反抗葡萄牙殖民统治的众多斗争中的一次，它标志着东帝汶人有自觉意识的独立运动的开篇。

第二节　东帝汶迎来新的生机

东帝汶原本是一系列相互独立、自治的部族组成的，每一个民族内部通过联姻方式建立起血缘联系。每一个部族由一位部族首领管理，部族首领之下按照血统进行等级制排列。东帝汶共有30余种方言，各个部族之语言多不相同，再加上不同部族间不同的泛神崇拜，更加强化了部族的差异与矛盾。而葡萄牙殖民者的到来不仅没有弥合部族间的嫌隙，甚至加剧了部族间的矛盾。葡萄牙从殖民之初就将目标放在获取经济利益上。来到东帝汶，它只是专注于能带来高额利润的香料和檀香贸易。葡萄牙政府在东帝汶建立起殖民据点，利用东帝汶多部族之间的矛盾，采取拉拢一方的办法来强化统治，这种方法不仅没有动摇东帝汶久已存在的社会结构，还激化了一些部族间的矛盾。

这种情况从19世纪下半期开始，曾陆续发生了一些改变。在19世纪下半期，葡萄牙殖民政府为了促进殖民地经济的发展，决定建立更加完善的管理体系。殖民政府将东帝汶划分为11个行政区，每个行政区设立一个殖民机构，由葡萄牙官员管理。但是在实际运作中，这些官员为了便于管理、缓和矛盾，往往需要与当地的部族首领进行合作。20世纪初，葡萄牙殖民者人头税制度，停止人们向部族首领纳贡，转而将赋税的一部分发放给部族首领，这样从表面上将部族首领纳入了殖民政府的管理系统。殖民政府又进一步将行政区划分为次行政区，次行政区以下又划分为乡、村，长官由殖民政府任命。但是由于一些次行政区与部族重合，许多部族首领也就直接转化为次行政区长官。其他那些次行政区，长官由效忠殖民政府的人员担任而不是由部族首领担任的，部族首领的权力也并未丧失，只是由官方认可的权力变成了非官方的权力，人们依然依附于部族首领。同样的情况也发生和乡、村等层次。可以说，新的管理系统只不过是嵌入旧有的结构之中，并未能触动原有结构使其发生根本改变。这种部族结构的维持，以及部族间矛盾与冲突的维持，为未来东帝汶的民族融合埋下了隐患。

第二次世界大战结束以后，殖民帝国受到了重创，殖民地人民掀起了非殖民化浪潮。印尼经过1945年到1949的顽强斗争，终于获得了独立，西帝汶也成为了印尼的一部分。东帝汶仍旧在葡萄牙控制下，1951年成了葡萄牙的海外省，但是非殖民化是大势所趋。1960年12月14日联合国大会通过了《给予殖民地国家和人民独立宣言》，该宣言宣布要"迅速和无条件地结束，一切形式和表现的殖民主义"，"所有的人民都有自决权"，"在托管领地以及还没有取得独立的一切其他领地内立即采取步骤，依照这些领地的人民自由地表示的意志和愿望，不分种族、信仰和肤色，无条件地和无保留地将所有权力移交给他们，使他们能享受完全的独立和自由"。在该宣言颁布之前，联合国就已经确认东帝汶是葡萄牙控制下的非自治领地，因此东帝汶人民理应获得独立。

从1962年开始，联大的一系列决议又一再承认包括东帝汶在内的葡属殖民地的自决权，但是葡萄牙的专制政权却拒绝承认殖民地的自决权，仍旧声称东帝汶是葡萄牙的海外省。东帝汶作为高质量、高产量的咖啡生产地和政治犯输送地，对葡萄牙来说有着一定的作用，20世纪60年代末，在帝汶海又发现了大量的石油、天然气资源，葡萄牙政府更不愿意放弃这块宝地。然而，非殖民化浪潮已经汹涌澎湃。1970年10月24日，联合国大会通过了《关于各国依联合国宪章建立友好关系及合作之国际法原则之宣言》，在该宣言中重申要"迅速铲除殖民主义"，"各民族享有平等权利及自决权"，"一个民族自决定建立自主独立国家，与某一独立国家自由结合或合并，或采取任何其他政治地位，均属该民族实施自决权之方式。"从1961年到1974年，葡属殖民地安哥拉、佛得角、莫桑比克的独立运动接连不断，弄得葡萄牙捉襟见肘。与此同时，葡萄牙的内政也面临种种困难，经济问题严重，结果导致1974年4月25日葡萄牙发生武装政变，新政府上台。新政府上台后，宣布支持殖民地的自决权。1974年8月3日葡萄牙政府向联合同秘书处递交了一份备忘录，宣称全面与联合国合作，承认东帝汶的非自治领地地位，承认其有自主管理权。

国际环境的变化和殖民宗主国葡萄牙的政权更迭，给东帝汶带来了新生的机会。葡萄牙新政府新姿态，使一些东帝汶精英分子看到了曙光，一些政党迅速组建起来。在葡萄牙的长期统治中，东帝汶并没有自身的政党存在，东帝汶的民族主义也只是出现于20世纪60年代，那时的民族主义者是作为国际非殖民化的呼应者而出现的，那时的他们并不拥有实质的力量，现在他们则可以把自已的政治思想通过组建政党的方式付诸实践。

1974年5月11日东帝汶民主联盟建立，民主联盟主张在葡萄牙的旗帜下，逐渐实现自治。5月20日，东帝汶社会民主协会建立，它被认为有着共产主义倾向，主张先实现自治，最终走向独立。5月27日，东帝汶人民民主协会建立，人民民主协会被认为得到了印尼的暗中支持，主张同印尼合并。此外还建立了其他一些小的政党。各个政党所代表的地区、阶层、利益群体有着很大差别，因此政党间的政见就有了很大差别。政党间的种种差别，有传统部族社会结构的影响，也有各党派对自身利益的权衡。

这些迅速组建的政党，本身缺少长期的磨合和固定的奋斗目标，因此内部也存在着分歧，但是因为他们都知道决定东帝汶命运的时刻到了，就把与其他党派的竞争放在了首位，暂时搁置了内部矛盾。而对东帝汶各党派的不同主张，葡萄牙政府表示能够接受其中任何一种方案，只要这种方案是东帝汶人民的自由选择，符合联合国决议，不违背国际法。

为了调和矛盾，加强合作，1975年1月20日民主联盟与社会民主协会实现联合，共同反对加入印尼，主张实现自治。1974年到1975年间，东帝汶的一些党派领导人曾先后访问印尼，公开表示不愿意加入印尼。在此过程中，印尼也抓住机会向这些党派领导人施压。苏哈托的顾问，阿里慕托波（Ali Murtopo）将军在会见民主联盟领导人洛佩斯·达·克鲁斯（Lopaz Da Cruz）传达了一个信息，"印尼无法容忍一个共产主义政府，但是如果由一个反共产主义的政党领导国家，印尼可能会支持独立"。这种做法果然奏效。在几次访问印尼后，洛佩斯·达·克鲁斯说："我们是现实主义者，如果我们想独立，我们必须采纳印尼的政治路线，否则只能是一周或一个月的独立"。1975年5月27日，民主联盟与社会民主协会的联合解体。8月11日，以民主联盟为首，包括人民民主协会、东帝汶英雄协会、工党三个小的党派，组成了临时政府。临时政府上台后开始逮捕和杀害社会民主协会成员。9月11日社会民主协会更名为东帝汶独立革命阵线（以下简称革阵）。革阵的军事武装东帝汶民族解放军（FALINTIL）发起反抗，内战爆发。在内战中，民盟因为引狼入室的做法使其迅速失去了大批支持者，内部也出现了意见分歧，革阵武装力量迅速控制了东帝汶。9月24日，民盟等党派领导人被迫撤入西帝汶，在撤进西帝汶前，这些党派领导人被迫按照印尼意愿签订了一份呼吁书，呼吁苏哈托将东帝汶并入印尼。

受到国际大环境的影响，尤其是非殖民化浪潮的影响，东帝汶人民看到了独立的曙光，但是由于印尼的卷入促发了东帝汶内战，东帝汶的独立再度变得渺不可及。作为小角色的东帝汶无力改变大的背景，只能接受它的塑造，而印尼的吞并则使这种塑造变得更加真实。

第三节　东帝汶独立进程被迫中断

印尼对东帝汶虎视眈眈主要基于两方面的考虑。一、经济上，帝汶海发现了大量的石油、天然气资源；二、意识形态上，革阵受了莫桑比克的影响，倡导的典型的第三世界解放运动，有着共产上义倾向，苏哈托是反共的急先锋，担心共产主义再度波及印尼。从1974年10月到1975年11月，印尼与葡萄牙举行了一系列的会谈，印尼表明了自己的利益要求。葡萄牙由于自身问题的困扰，想尽快从东帝汶脱身，因此表示在不违背联合国决议和国际法的情况下，葡萄牙将支持东帝汶人民的任何一种自由选择。①

印尼觊觎东帝汶，也不能赤裸裸地出兵，明目张胆地违背国际法，置国际社会于不顾，它需要寻找一件合法的外衣。1975年7月，印尼就曾公开声称东帝汶不能独立，理由是它缺少独立的经济基础同时也无法管理自己。1975年9月24日，印尼更是通过迫使东帝汶逃亡党派领导人签署呼吁书的办法，制造了一个冠冕堂皇的借口。只是大规模的武装入侵还要等待一个时机和等待一个大国的默许。

面对着越来越严重的危机，11月28日，革阵单方面宣布独立，成立东帝汶民主共和国。在东帝汶宣布独立后，葡萄牙的前殖民地安哥拉、莫桑比克、几内亚比绍、佛得角迅速祝贺其取得独立。很快的，中国、苏联、巴西、东德、古巴等国家也予以承认。②但是这些国家的表态却影响甚微。由于冷战的因素，世界被划分为两个大的集团，苏联、中国虽然都是大国，但是很难对印尼的政策产生影响。印尼虽然倡导不结盟运动，但是却与以美国为首的集团无论经济联系还是军事联系上都走得很近。对印尼的政策起重要影响的当属美国、西欧、澳大利亚和日本。

从社会民主协会更名为革阵，到革阵一些领导人的马克思主义式的语音，都"被印度尼西亚巧妙地利用"，使西方世界确信在东帝汶将要建立社会主义政权，印尼以此"获得西方国家对它的吞并政策的支持"。③此外，印尼还以自身的优势吸引着两方国家的目光。印尼位于南太平洋中，扼印度洋和太平洋的交通要道，该交通要道，既是重要的经济通道，又是重要的军事通道。印尼还是一个人口大国，拥有广阔的消费市场。这种种因素结合一起，促成了两方国家并没有支持革

---

① 王文奇：《被塑造的小角色——东帝汶走向国家的进程（1974—2002）》，吉林大学硕士学位论文，第9页，2007年。

② Geoff Simons, "Indonesia, the long oppretion", Printed and Bound in Great Britain by Antory Roue Ltd, 2002, P.60.

③ Barkedo de Magalhaes, "East Timor, Indonesia Occupation and Genocide", Opprto University Press, 1992, P.14.

阵的独立举动。但仅仅是这样，印尼还是不敢轻易举兵，他还需要得到超级大国美国对其采取军事行动的认可。

美国作为资本主义阵营的领袖，此前东南亚经历了一系列失败。1973年2月，老挝各方签署了恢复和平和实现民族和睦的协定，次年成立了联合政府，驱逐了英国"顾问"；1974年4月美国扶持的柬埔寨势力倒台，西哈努克夺得政权，成立了社会主义性质的政权；1976年7月，越南南北统一，美国在越战中遭受彻底的失败。艾森豪威尔曾经担心的多米诺骨牌效应现在似乎真的出现了，美国不免为之担忧。同时在非洲，1975年安哥拉、莫桑比克的马克思主义政权获得独立。在与苏联争夺中间地带的过程中美国处于弱势，在这种情况下，美国感到，与通过镇压印尼共产党上台的苏哈托合作是明智之举。

1975年12月6日，美国总统福特和安全事务助理基辛格访问印尼。在谈话中福特表示，尽管美国刚刚撤出了越南，但美国仍对亚太地区有着浓厚的兴趣和影响。当谈及东帝汶问题时，福特说："我们理解你们，不会在这个问题上对你们施压。"基辛格补充说："无论你们做什么，我们都将努力采取最佳方式来处理"，"如果你们已经做好计划，我们将尽可能地让每个人保持沉默，直到总统回到国内"。[①] 苏哈托得到美国的默许后，于12月7日发动了武装进攻，自然是打着救世主的幌子，现在它有着充分的借口。首先是9月24日的呼吁书。其次，1975年11月30日，印尼声称东帝汶四个政党的代表，代表东帝汶的绝大多数人民签署了文件，请求印尼政府把他们从革阵的恐怖高压和迫害下解救出来。然而，大量的证据表明，印尼是强迫这些代表签署文件的，这些代表"事实上成了囚犯，签署文件的六个人中，至少有两个曾经公开批判他们所签署的文件，该文件事实上是在印尼巴厘岛的一个饭店里签署的。[②]

而对印尼的入侵，国际社会反应不一。美国出于扼制共产主义蔓延和经济因素的考量，为印尼入侵东帝汶开了绿灯，又在安理会389号决议上投了弃权票。其他一些能够对印尼决策产生影响的国家，也出于自身利益的考虑，采取了同美国相同的政策。澳大利亚觊觎帝汶海的油气资源已久，在1974年至1975年间，澳大利亚通过谈判与葡萄牙确定了与东帝汶的海上边界，但澳大利亚对结果并不满意，在印尼侵占东帝汶的过程中，澳大利亚政府没有顾及国内公众与媒体的反

① 美国数字化解密文档, Department of State Telegram, 01843, 12 / 06 / 1975.

② Matthew Jardine, "Power and Principle in East Timor", *Peace Review*, Vol, 10, Iss, 2, Jun, 1998, P.196

对，站在了印尼一方。因为澳大利亚政府认为在帝汶海问题上与印度尼西亚谈判要比与葡萄牙谈判或者是一个独立的东帝汶谈判容易得多"。[①]日本还处于战后的恢复期中，要努力促使经济快速发展，就要仰仗印尼的交通线，同时也要仰仗与印尼的贸易伙伴关系，因为日本此时是印尼最大的进出口贸易国。日本看出了国际社会的一些批判声不能阻止印尼吞并东帝汶，因此它在联大3485号决议上投了反对票，在安理会389号决议上投了弃权票。西欧大部分国家站在了美国一边，英国、法国还是仅次于美国的印尼的武器供应大国，巨大的经济利益显而易见，他们同美国一样，在1975年的联大上投了弃权票。以苏联为首的社会主义阵营，中国以及亚非拉的一些新独立国家是支持东帝汶的，但是却无法产生实质影响。

在东南亚地区还存在着东盟。东盟成立于1967年，在联盟宣言的目标和宗旨中规定："在这个区域的国家关系中严格尊重正义原则和法制，并遵守联合国宪章的原则，以促进积极的合作和互助。"[②]但是宣言中所宣称的对普世价值的追求，同样让位给了现实主义的考虑。因此，这些东盟成员国，通过把国与国的行为，或者说是一个国家对另一个国家的侵略转化为内政而缄口不言。以美国为首的一些国家的放纵使印尼对东帝汶的入侵变得有恃无恐，东帝汶的抵抗力量则成了孤军奋战。就这样，印尼这个区域大国凭借着自身意志，加上以美国为首的一些大国或相对大国出于自身利益的默许，采用粗暴的方式决定了东帝汶的命运。东帝汶没来得及自主探索发展之路就再度被外力中断了。

① Barkedo de Magalhaes, "East Timor, Indonesia Occupation and Genocide", Opprto University Press, 1992, P.14.
② 王铁崖、田如萱编:《国际法资料选编》，法律出版社，1986年，第848页。

第五章　印尼占领时期

第一节　印尼觊觎东帝汶由来已久

印尼对于东帝汶的觊觎并不是始于20世纪70年代，早在1945年5月31日印尼独立运动的精神领袖穆哈穆德·亚明（Mohammad Yamin）发表了一篇名为《印度尼西亚的疆域》（Territory of Indonesia）的文章，提出了"泛马来"（Pan-Malay）的概念，主张包括东帝汶在内的东印度群岛应该组成一个统一的国家。当时即将成为印尼开国总统的苏加诺（Bung Sukarno）对此大加赞赏，声称自己百分之百支持亚明的主张。不过印尼建国后，身为总统的苏加诺和教育部长的亚明均悄悄将东帝汶从他们的"泛马来主义"中剔除了。出于外交上的考虑，印尼的政治精英们不想因为这一问题与葡萄牙，进而与西方发生矛盾，但这并不代表东帝汶退出了他们的视线。1954年5月苏加诺视察西帝汶，在边界小镇阿当布阿，一群东帝汶人向苏加诺献上礼物并请求这位印尼总统将他们从殖民主义的火坑中解救出来，接纳东帝汶加入印尼。而后苏加诺还访问了边界东帝汶一侧的村落，同样受到隆重礼遇。这一次访问，当然可能是刻意安排的，不过边界两边的帝汶人对分裂的切肤之痛也是事实，对一位大人物表现出统一的愿望，也不是不可能。不过，雅加达随即出现了批评的声音，认为如果印尼政府在东帝汶问题上处理失当，就可能导致该地区重新受到列强的重视，而加强在东南亚的军事力量，进而威胁印尼的安全。反对的声浪迫使苏加诺没有采取进一步的行动。然而1955年在万隆举办的亚非会议期间，苏加诺又特意安排东帝汶代表参加会议，并亲自向与会者介绍他们，强调这几位东帝汶代表一直在为争取与印尼合并而斗争。苏加诺的举动恐怕不是把自己包装为反殖民斗士这么简单，他代表"泛马来主义"在至少相当一部分印尼人心中扎了根。

1959年维格格起义被镇压后，东帝汶的独立运动遭到沉重打击。1961年4月9日，一个叫毛克劳（Maoclao）的人在巴都噶德宣布建立东帝汶共和国，打出一面正中镶黄色边的黑色圆圈、圆圈中央一个白色五角星的红色旗帜，代表东帝汶的独立解放，^① 遭到葡萄牙当局镇压后，毛克劳等人逃往印尼。1963年，毛克劳在雅加达建立流亡政府"帝汶联合共和国"（The United Republic of Timor）。这个不具备任何合法性的"流亡政府"在印尼政府的庇护下一直维持到1969年。印尼政府这样做的目的，就是要刻意营造"东帝汶保护者"的形象，为将来时机出现时可能采取的行动做好铺垫。不过，在时机还没有出现的时候，印尼政府在东帝汶问题上还是保持着刻意的低调。1962年提交给联合国的文件中提到："印尼政府声明与葡萄牙政府保持友好关系，不会对葡属帝汶提出领土要求。"印尼政府的这一态度一直维持到1974年。

在东帝汶这一方面，前面讲过，东帝汶的"独立教父"弗朗西斯科·洛佩斯即是狂热的东帝汶应并入印尼的鼓吹者。他的思想在东帝汶影响甚广，尤其是在东帝汶的西部地区，这里的居民与西帝汶有千丝万缕的联系，不少还有血缘关系，对印尼的亲近感和认同感都十分强烈。相较于独立，实现帝汶岛的统一更为他们所看重。由于东帝汶的西部地区历来经济相对发达，拥有的社会资源也相对丰富，更多的居于社会上层，他们的诉求不可能因为帝汶民主联盟（UDT）的败退就消失了，而他们的影响也绝不仅限于少数人。1975年上半年，UDT和FRETILIN曾组成联盟，于7月组织选举成立去殖民后的新政府，FRETILIN在选举中获胜，得票率为55%，这促使UDT随后发动政变。

1974年4月葡萄牙发生"康乃馨"革命之后，印尼政府中的一些人敏锐地意识到吞并东帝汶的时机终于来到了。此时的印尼国内形势也与之前大不相同了。苏哈托时代，在所谓"双重职能"理论下，军人直接参与政府事务，对东帝汶的政策也交由军方主导。密切关注东帝汶局势的印尼军方"特别行动部门"（Opsus）长官阿里·穆多波（A1i Murtopo）少将和他的亲信贝尼·穆达尼（Benny Murdani）准将在1974年中期即制订了"科摩多行动"（0perasi Komodo / Komodo operation）计划。这个计划内容甚多，主旨是利用东帝汶的亲印尼势力实现吞并东帝汶的战略意图。而为实现这一战略意图，印尼开动宣传机器，不遗余力地攻击FRETILIN，把FRETILIN描绘成国际共运的一份子，与非洲的"安哥拉人民

---

① 1969年，印尼军方评估，东帝汶一旦获得自由地位，恐怕不大可能加入印尼，因此反而是一个安全隐患，于是开始限制毛克劳流亡政府的活动，毛克劳遂流亡英国，其流亡政府也就此消失。虽然毛克劳所谓的政府只存在了很短一段时间，对之后东帝汶的独立运动的影响很难估计，但他设计的旗帜中的红黄黑白的颜色在今天东帝汶的国旗上得到了全部继承。

解放运动"（MPLA）、"几内亚和佛得角非洲独立党"（PAIGC）、"莫桑比克解放阵线"（FRELIMO）等受前苏联扶持的政治派别别无二致。FRETILIN夺取政权后，也必将走赤化道路，剥夺私有财产、实行人民专政，成为"东南亚的古巴"等。这样的论调一方面是说给西方世界听的，让冷战中的西方由于意识形态的缘故不在东帝汶问题上置喙；更重要的方面，对主要由地主、种植园主、部落头领、旧官僚等有产阶级组成的APODETI和UDT进行恐吓而使其彻底倒向印尼一边。应该说，印尼的宣传攻势取得了效果，APODETI一开始就拒绝与FRETILIN合作，而合作了一段时间的UDT，最后也同FRETILIN反目。

1975年8月，东帝汶内战爆发，战败后的UDT人员进入西帝汶躲避，Opsus立即抓住机会，一方面炮制请愿呼吁书，一方面命令特种部队乔装UDT武装人员进入东帝汶。面对印尼高调门的抨击和实实在在的侵入，FRETILIN感到了危机，11月28日，东帝汶民主共和国——这个先天不足的早产儿政权就是在这样的背景下匆忙诞生的。1975年11月28日，FRETILIN宣布成立东帝汶民主共和国（Democratic Republic of East Timor）。弗朗西斯科·夏瓦尔·阿玛拉尔任总统，尼克劳·罗巴铎任总理，阿尔卡蒂利任政治事务部部长。第二天，也就是11月29日，UDT和APODETI就在Opsus授意下发表了《巴立波声明》（Balibo Declaration）宣布巴立波及周边地区白东帝汶独立并加入印尼。[①]

"科摩多行动"计划原本是希望通过支持东帝汶的亲印尼势力而以有限代价和有限军事行动（如"金凤花行动"）实现吞并东帝汶的目的，面对FRETILIN的建国举动，促使印尼决心以武力全面占领东帝汶，一劳永逸地解决东帝汶问题。阿里·穆多波和贝尼·穆达尼等人开始竭力游说苏哈托同意使用武力解决东帝汶问题。此刻深陷国有石油公司Pertamina的财政丑闻[②]的苏哈托也许正有意利用这

---

① 不过这份声明后来被发现是印尼情报机关炮制并在巴厘岛签署的，因而后来又被称为"巴立波谎言"（Balibohong Declaration, Balibohong在印尼语中为"谎言"的意思）。葡萄牙政府既不承认东帝汶民主共和国，也不承认巴立波宣言，原本是东帝汶问题关键的一方，此时只作壁上观。

② Pertamina石油公司，印尼最大的国有石油企业，在1970年代世界石油危机期间获利颇丰。遂为苏哈托家族所控制。苏哈托家族及别的一些权贵家族以Pertamina的超级吸金能力为担保，大肆拆借银行资金进行各种投资，涉及商贸、地产、旅游、金融等各个行业。纵使Pertamina这样日进斗金的公司，也终于不堪其祸，至1975年时负债高达10.5亿美元，这一数字占当时印尼GDP的30%，资金链完全断裂。到1980年代，国际石油价格大跌，更使窘境雪上加霜。事件披露后引起社会的广泛关注，成为当时著名的经济丑闻，批评的声浪几乎将苏哈托掀翻。印尼政府不得不对Pertamina公司进行改革，大幅削减投资项目、变卖其名下资产等，并严令其不得从国有银行贷款，这一禁令维持了30多年。

个事件转移国内批评的声浪，不过他还不能下最后的决心。也许在苏哈托本人的授意下，一方面军方开始紧锣密鼓制订占领计划，同时印尼政府也展开外交攻势以谋求国际支持，至少是默许。

在此之前，1975年9月，苏哈托与到访的澳大利亚总理高夫·惠特拉姆（Gough Whitlam）会晤，双方均认为东帝汶作为一个省加入印尼是东帝汶最好的前途。这是西方为印尼占领东帝汶开出的第一张许可证。

根据2001年解密的美国国家安全档案（National Security Archive，NSA），1975年12月5日，美国总统福特和国务卿基辛格访问雅加达，与苏哈托举行了会谈。东帝汶问题当然不是这次访问的主题，会谈中美国人也绝口不提东帝汶的问题。早前，CIA对东帝汶形势提出过一个详细报告，明确提到印尼军队9月份就开始向东帝汶境内渗透，独立与合并两者直接对抗的可能性与日俱增，对此福特和基辛格心知肚明。最后，按捺不住的苏哈托只好先对美国人说："我必须告诉你，总统先生，关于另一个问题，帝汶……FRETILIN和葡萄牙军队一样深受共产主义影响……我们希望你能理解我们或许不得不采取迅速有力的行动的必要性。"福特只是轻描淡写地回答道："我们会理解的，并且我们在此问题上不会对你施加压力。我们理解你所面临的问题和你的立场。"基辛格说："你担心使用美制武器会带来问题……这要看我们怎么来理解：是用于自卫还是用于国外行动。关键是你们要做得干净利落……"福特后来说："如果要在印尼和东帝汶之间做选择，我们只能选择印尼。"一位美国国务院官员曾评论道："相比美国和印尼的双边关系来说，入侵东帝汶我们多少还是可以接受的。"美国是印尼武器装备的最大供应国，而美国法律规定其所提供的武器只能用于防卫，因此美国的态度至关重要。福特的访问为入侵行动亮起了最后一道绿灯。苏哈托难下的决心终于下了。

印尼对东帝汶的占领纯粹是出于领土野心，不过打着反共产主义的旗号，也就通行无阻了。若干年后，西方人却有人认为是因为"西方的可耻瞬目"（The West's "dirty Wink"），意为西方的默许导致后来东帝汶发生的一切。恐怕不尽然。东帝汶作为第二岛链的重要一环，其北部水域是美军核潜艇通行的重要航道，有相对重要的战略地位；FRETILIN的作风和印尼的刻意描画，让以美国为首的西方相信，FRETILIN掌握权力后，必然会建立起一个共产主义政权，这个政权就位于与印尼接壤的边界一边，而后对印尼政府极不友善的共产主义势力势必以此为基地威胁印尼的安全，进而威胁美国苦心孤诣营建的亚洲战略。如此，很难让人不把这一切理解为一场针对东帝汶的"慕尼黑阴谋"。

第二节 印尼大规模武装入侵

1975年12月4日，印尼国防部长兼武装部队总司令马拉登·庞加贝安将军（General Maraden Panggabean）在古邦听取对FRETILIN的详细评估后，批准了武装占领帝力的计划，行动代号"莲花行动"（Operasi Seroja / Operation Lotus）。

攻击帝力是印尼共和国武装部队（Angkatan Bersenjata Republik Indonesia / Republi c of Indonesia Armed Forces，ABRI）成立以来最大的军事行动。1975年12月7日上午5时，海军陆战队第5营、第403步兵营首先在军舰炮火掩护下在帝力市郊阿罗尔（Alor）登陆，与此同时第1特种作战大队（红色贝雷）、第18空降旅第501营（绿色贝雷）乘坐第31空骑营的9架C-130"大力神"运输机自东爪哇Iswahyudi空军基地出发，经过4小时50分飞行也抵达帝力上空。900名身背美制T-10降落伞手持苏制AK-47突击步枪的印尼士兵从天而降，落地集结后分头攻击政府大楼、港口、机场等重要部位。经过改装的2架B-26和2架C-47，为空降行动提供火力支援。C-130调头继续飞往古邦，满载早前由民航飞机运到那里的第18空降旅第502营后再折头回来，进行第2波伞降。

FRETILIN一直认为印尼的进攻会由西帝汶边界地区发动，对于突然降落的伞兵完全没有任何准备，经过一阵仓促组织的反击，6小时后即全线溃退。如果仅从伤亡数字来看，这次战斗并不激烈，[①]ABRI仅以微小的代价就大获全胜，这与其说是行动计划周详、情报准确，完全实现了战役的隐蔽性和突然性的原因，毋宁说是FRETILIN的原因。从现今可见的资料中，以及前FRETILIN成员的回忆中，看不到任何军事斗争准备的内容，而军事斗争准备对任何新生政权来说都是头等重要的大事，仅从这一点上可以看出FRETILIN远不是一个成熟的有经验的政党。当时FALINTIL兵力号称有2万人，刨除水分和各地分散驻守的，在帝

─────────────────────

① 这是ABRI历史上首次进行这样规模的空降行动，组织和战斗中不免出现一些协调上的问题，如第2波伞兵一跳出机舱就遭到自己一方海军陆战队的一阵枪炮攻击，好在很快双方意识到是自己人赶紧停火。一些伞兵被卡在树上，一些掉进了海里，还有一些失踪。对帝力的攻击，ABRI共计35人阵亡。"红色贝雷"阵亡16人，其余的是第502空降营的，包括2名少校，也就是冤死在自己人枪口之下的。FRETILIN方面阵亡122人，负伤365人。

力市至少数千人是有的，如果稍有组织和准备，ABRI付出的代价可能就不会是这样的了。不难想象，遭到攻击后，FALINTIL对敌方态势和战场状况根本不了解，胡乱放几枪后顿作鸟兽散，这一点从他们声称打死了"400名伞兵"就可以看出来。

还必须提到一个细节，当9架C-130呈3机箭头队形飞抵帝力上空时，猛然发现自己的机头正对着两艘葡萄牙海军护卫舰的舰舷。这两艘名为"Joao Roby"号和"Alfonso de Alburquerque"号的护卫舰此刻正停泊在阿陶罗岛岸边，舰上装备的100毫米炮着实令印尼人胆战心惊了一回，不过整个ABRI行动过程中，两艘军舰均保持沉默。印尼军方推测他们是来接走躲避在阿陶罗岛上的葡萄牙人的。末代总督皮勒斯也许正是乘坐这两艘军舰之一离开帝力的。"Alfonso de Alburquerque"的名字让我们似曾相识，不错，正是葡萄牙战神阿方索·德·阿尔布克尔克，东方的殖民地由他开拓，也由他结束，这个巧合也许并不是巧合。这个细节表明，东帝汶在葡萄牙人眼中不过是一根啃干净后扔掉的骨头，谁在离开餐桌的时候会关心剩下的骨头的命运呢？

ABRI控制了帝力。3天后，ABRI再次组织伞降行动，占领包考。至此，"莲花行动"以ABRI完胜告终。

第二天，1975年12月8日，联合国大会一个委员会召开会议讨论东帝汶局势，印度、日本、马来西亚与印尼一道发表了一份谴责葡萄牙和东帝汶政党的声明，指责他们必须为流血冲突负责，声明还拒绝了由安哥拉、古巴、塞内加尔、圭亚那等国发起的敦促印尼撤军的提议。12月12日安理会以72票赞同、10票反对、43票弃权通过大会3485（XXX）号决议，敦促印尼"立即撤军"。12月22日，安理会一致通过384（1975）号决议，要求印尼立即撤军。1976年，安理会再次通过389（1976）号决议，要求印尼撤军。自1976年至1982年，联合国大会每年都要通过还给东帝汶人民自决权的决议。不过，常任理事国如美国和中国反对采取进一步措施。1982年，联大决议呼吁联合国秘书长"与有关各方举行会谈，以期寻求解决这一问题的办法"。

占领帝力后，印尼的军队由海路和陆路大举开进，至1975年年末，印尼在帝力驻军10 000人，另有20 000人分布在东帝汶各地。在印尼政府的授意下，东帝汶临时政府（the Provisional Government of East Timor，PGET）于1975年12月17日，宣布成立，APODETI的阿尔纳多·阿纳乌若（Arnaldo dos Rei s Araujo）任总统，UDT的夏瓦尔·科鲁兹（Fancisco Xavier Lopes da Cruz）任副总统。1976年7月17日，东帝汶正式并入印尼，成为印尼第27个省，同时更名为地莫尔·地穆尔（Timor Timur）省，阿尔纳多·阿纳乌若任省长，夏瓦尔·科鲁兹任副省长。

APODETI虽然坚定地主张与印尼合并，并且掌握着一支部族武装，但一直影响较小，这主要是因为APODETI的支持者不过两三百人。APODETI虽然成立较早，但最初名为"帝汶并入印尼促进会"（Associao para a Integraco de Timor na Indonesia），响应者寥寥，改为后来的名称，影响仍然十分有限。在APODETI的建党宣言中，将"自发地整合到印尼统治之下"作为宗旨，当然也强调人权、自由等，还尤其热衷在东帝汶普及印尼语教育。阿尔纳多·阿纳乌若作为APODETI首任领导人，时年已经60岁，日据时期与日军有过合作。1974年他在雅加达滞留了几个月，期间与印尼政府官员过从甚密，印尼官方从他身上似乎找到了解决东帝汶问题的钥匙，因而对他和他的政党给予了相当程度的支持。PGET成立及后来地莫尔·地穆尔省建立后，阿尔纳多都很自然地出任领导人。APODETI另一个重要领导人奥沙里奥·索阿勒斯（Joso Osario Soares）县教师出身，他坚信印尼会对东帝汶伸出援手，他曾于1975年说过："我们不需要新殖民主义，仅由印尼进行名义上的控制；（如果与印尼合并）我们需要什么，就可以直接从印尼得到什么。"总之，尽管APODETI得到印尼的全力支持，但支持者很少，既无法与FRETILIN争锋，相较于UDT也十分逊色。

与印尼合并肯定不是所有东帝汶人的意愿，甚至也不是多数东帝汶人的意愿，国际上也拒绝承认地莫尔省的合法性。但印尼辩称自己的行动是单纯的反殖民主义斗争，1977年印尼外交部发表题为《东帝汶结束殖民统治》（Decolonization in East Timor）白皮书，宣称印尼的行动是"民族自决的神圣的权力"，认为APODETI是绝大多数东帝汶人民的真正代表，而FRETILIN的地位是通过"威胁、敲诈、恐怖行动"获得。印尼认为，帝汶岛分裂为东西两半完全是葡萄牙和荷兰两个殖民帝国争夺势力范围的结果，根本不符合帝汶人民的愿望，而印尼将东帝汶宣布为其第27个省的行动正是顺应了帝汶人民的期望，使分裂的帝汶人民重新团结起来，也是印尼自1940年以来致力于将东印度群岛从殖民主义压迫下解放出来的不懈努力之一。

第三节　残暴镇压与大肆掠夺

一、大肆抓捕　殃及无辜

1975年12月7日凌晨，印尼军队（ABRI）从天而降，帝力顿时成为枪林弹雨的战场，惊慌失措的FRETILIN经过一阵仓促抵抗溃败而去，已经夺取控制权的ABRI却没有迅速稳定局势，反而是以搜捕抵抗分子之名大肆杀戮。交火激烈之时，FRETILIN很快意识到抵抗无望，或者根本没有保卫首都，与来犯之敌殊死决战的勇气和决心，只是通过广播一遍一遍地绝望哭泣道："印尼军队滥杀无辜。妇女和儿童倒毙街头的惨景随处可见。我们将全部被杀光……在此我们恳请国际社会的援助，为了制止入侵，请做点什么吧……"

ABRI在占领东帝汶的初期，所杀害的大批平民，很多是老人和儿童，所奸淫的妇女到底有多少，至今没有令人信服的说法。作为占领者和合作者一方的说法也许可以提供一些参考，当然，即便这个说法也没有确凿的证据可以证实。UDT领导人夏瓦尔·科鲁兹在1976年3月，也就是印尼军队占领不到4个月后，报告有60 000东帝汶人被杀害；1977年5月，印尼外交部长阿达姆·马利克（Adam Malik）接受采访时承认，死亡人数"50 000人或80 000人"。

1977年9月开始，ABRI开始实施为期18个月的清剿战役。ABRI首先将与FRETILIN有联系的或怀疑有联系的村落一把火清除，但有反抗，无论男女老幼律枪杀，死者横尸遍野，以此革除FALINTIL获得物资和人员补给的渠道，从而摧毁其生存基础。然后舰炮和飞机对此区域进行狂轰滥炸，村庄农田全部夷为平地。

进入80年代，ABRI与东帝汶的抵抗力量之间逐渐形成彼此拉锯僵持的局面。FRETILIN的广播声称ABRI使用飞机喷洒化学武器。很多人，包括帝力主教报告亲眼见ABRI在乡村使用汽油凝固弹。其他ABRI在各地制造的各种规模较小的惨案则更加无法计算，如1981年9月，在拉卡鲁达（Lacluta），400名平民被枪杀；1983年8月，在卡勒拉斯村（Creras）200人被活活烧死，在附近的河边有500人被枪杀。最著名的惨案应该是"圣·克鲁兹公墓大屠杀"（Santa Cruz Cemetery Massacre），发生于1991年11月12日，200多人被击毙，伤者不计其数。这次事件对东帝汶的历史进程的影响深远，甚至也影响到印尼国内政治的走向。

要解释印尼人为什么要如此残酷地对待被占领领土上的人民，实在很困难，据印尼人当时自己的说法是，要从"心灵和意志"（hearts and minds）上征服被占领民族。

印尼占领期间究竟有多少东帝汶人死于非命，至今没有一个准确可信的数字。2005年，CAVR提交的报告指出，死亡人数至少102 800人，其中非法处决的17 600人，因饥馑死亡的73 200人。这组数字经过统计学校正，但不代表就准确，即便基于CAVR的调查，死亡数字的上限也是183 000人。研究者本·凯尔楠（Ben Kiernan）认为"150 000人比较接近真相"，美国国防情报中心（The Center for Defense Information）也认可这一数字。国际上广泛流传的是"200 000人死于占领期间"的说法。

二、砍伐无度　饥饿熬煎

数个世纪以来，帝汶以盛产檀香木著名，印尼占领东帝汶后，与军方渊源颇深的苏芒波乌（Robby Sumampouw）出面组建了垄断东帝汶出口贸易的公司，PT Denok。苏芒波乌是一名华裔，活跃于印尼商界，名噪一时的澳大利亚圣诞岛（Casino Resort）赌场度假村即是其产业，1998年金融海啸时宣布破产。一些资料中认为他是印尼将军，其实他的确只是一名商人。"科摩多计划"的主要制定者之一贝尼·穆达尼将军后来回忆说，1975年12月11日，他在雅加达一家夜总会与苏芒波乌会面，后者提出为ABRI提供粮食和其他物资以换取在帝力专营咖啡的权力。贝尼·穆达尼说："（入侵）是流血而昂贵的行动，东帝汶的行动只准备了不到1年……你能理解，你没有钱去做这一切，ABRI削减了一切……也不能指望西方能理解这一点……没有钱怎么采取行动？我们不得不这样做……"苏芒波乌愿意为ABRI提供价值一百万美元的物资，包括粮食、轮胎、摩托车、路虎等等，用一艘货轮运到帝力。贝尼·穆达尼说："我对他说，我可没有一百万美元给你，（苏芒波乌和他的合伙人毫不在意）……他说只要那艘船在帝力装满咖啡运到新加坡出售，所得超过一百万美元的话，他们只要一百万的货款，而如不足一百万，则也不需要军方补齐。"于是，入侵仅仅4天之后，东帝汶最有商业价值的生意就这样敲定了。货轮到达帝力后，贝尼·穆达尼将苏芒波乌引荐给占领军首脑，双方达成了一份为期20年的咖啡专营合同。1979年10月，檀香木作为附带项目也归苏芒波乌的公司专营了。

　　为此，PT Denok的主要股东又成立了另一家专营檀香木出口的公司，名为PT Scent Indonesia。这两家公司凭借军方背景，在檀香木林区从采伐到檀香木制品贸易全程垄断，不容他人染指。公司建立后，立即强迫东帝汶人砍伐檀香木，这种砍伐是竭泽而渔式的，不管树木是否成才，不管大小，通通砍掉，又尤其喜爱掘起檀香木根，因为根部的檀香品质最好。

　　对于檀香木的疯狂砍伐也引来一些批评的声音，不过未引起雅加达的注意，在丰厚的利润面前，雅加达也很乐意保持沉默。单是1982年，PT Scent Indonesia出产的檀香木原材高达240吨，从这些原材提取的精油大量供应出口。这种状况持续了至少8年。公司在东帝汶的投资达到12亿印尼盾，雇佣了42名东帝汶人。1990年，PT Scent Indonesia宣布公司共计生产了檀香木精油和檀香粉465吨，市值超过50亿印尼盾。在随后4年，PT Scent Indonesia由雅加达出口檀香木精油，50千克1桶，每千克价值150美元。

　　檀香木的制品不仅是精油和檀香粉。1979年，苏芒波乌的亲戚成立另外一家公司，名为PT Kerta Timorindo，专门制作檀香木和大理石工艺品，其工厂位于科摩多机场附近，雇佣了30名爪哇工人。檀香木的雕像主要是佛像、基督像和圣母像，佛像卖到东亚地区，基督像和圣母像则销往欧洲（主要是意大利）。

　　由于连年的疯狂砍伐，檀香木的数量锐减，并且没有得到补种。对于印尼人疯狂地砍伐檀香木，西方批评人士指出，葡萄牙殖民政府早在1926年就禁止砍伐檀香木以保护当地的檀香木资源，而印尼政府用20年，采伐量超过了葡萄牙统治的4个世纪的采伐量。这种批评颇让人啼笑皆非。葡萄牙统治时期，檀香木的产量在1910年左右为900吨，正是由于疯狂砍伐，至1926年，产量锐减至仅仅20吨，葡萄牙殖民政府才不得不下令禁止砍伐。

　　FALINTIL主要力量被消灭后，只能组织起零星和小规模的抵抗，但ABRI仍然采取高压手段务求尽除，所有抵抗运动人员和同情抵抗运动的人员，格杀勿论。为了切断当地居民与抵抗组织的联系，ABRI实行了"重新安置计划"，将成千上万东帝汶人投入一个个集中营，这些地方地狭人稠，纵有小块土地经过积年耕种已经贫瘠薄弱，出产些微，邻近可以食用的果实根叶早已经吃光。集中营中的东帝汶人食不果腹、骨瘦如柴，但被禁止离开。因此在70年代末期出现大范围的饥馑问题。1978年10月"印尼世界之光"（world Vision Indonesia）组织访问东帝汶，报道有70 000东帝汶人正在忍受饥饿的煎熬。国际红十字会特使报告

1979年东帝汶的形势，称80%被圈禁在集中营中的东帝汶人严重营养不良，触目惊心的程度甚至超过比拉夫（Biafra），数以千计的人处在饥饿之中。

印尼政府声称通过印尼红十字会进行了赈济，不过多个非政府组织却指责这个所谓的赈济组织所做的唯一的事情就是将国际捐助的物资变卖发财了。这个说法是有根据的。当地华人回忆，当时市面上物资很丰富，美国罐头、澳洲奶粉都不稀罕，且售价极低，一个美国产虾蟹罐头只卖二十几美分，大批印尼商人蜂拥而至，将这些廉价物品大批收购再转运到印尼国内出售仍然获利不菲。2006年联合国东帝汶现实、真相与和解委员会（Commission for Reception，Truth and Reconciliation in East Timor，CAVR）的报告指出，印尼占领期间，大量东帝汶人的食物供应被故意封锁（positively denied），造成至少73 000东帝汶人因饥饿和相关疾病死亡。

三、暴力治理　严酷施政

印尼占领东帝汶自始至终，正值国内苏哈托军人政府专政时期，占领当局也是由ABRI主导。军人专政的铁腕统治在东帝汶体现得最为充分，ABRI采用刺杀、刑讯或者干脆让人"消失"、大规模逮捕"政治犯"等手段制造恐怖统治气氛。自1981年起，数以千计的东帝汶人沦为"罪犯"，被关押在阿陶罗岛上的监狱，其情状用"大赦国际"（Amnesty International）的说法就是"惨绝人寰"（deplorable）。

1983年，"大赦国际"发布了一份"印尼手册"，公布了自东帝汶收到的关于印尼军人滥施酷刑的资料，但印尼军方严禁刑讯时拍摄照片，因而只有当事人的陈诉。迈克尔·泰勒（Michele Turner）在其著作《讲述东帝汶：个人证言1942—1992》（Telling East Timor：Personal Testimonies 1942-1992）中曾提及，印尼军人让犯人把脚趾放在椅子腿下然后命令他自己坐上去，印尼军人把尿撒在食物上，再让犯人吃下去，对犯人进行电休克，等等。

伴随暴政的往往就是妇女的悲惨遭遇。除了一样生活在被捕、拷打、枪决的阴影中，妇女还面临强奸和性虐待。整个占领期间有多少妇女成为受害者已经没有办法统计，出于社会压力，很多妇女不愿谈及这段经历。

在黑暗中最黑暗的，最令人毛骨悚然的是"东帝汶忍者"（East Timor Ninja）。"东帝汶忍者"是20世纪90年代东帝汶人最可怕的梦魇，入夜时分，这些身着黑衣的鬼魅就会潜入村庄农舍，绑架走据说与抵抗运动有染的人，数不清的人因此消失了，再也没有回来。

印尼全面占领东帝汶后，开始推行其治理政策。首先就是全面禁止使用葡萄牙语，无论是政府文书函件、商务活动、学校教育等社会活动中，必须使用印尼语。其他语言同样被禁止使用，创办60余年的帝力华文学校也被迫关闭。苏加诺的"5项原则"作为唯一正统的社会价值观被加以推广，只有接受过"5项原则"教育并取得证书的人才能在政府中任职。

"5项原则"主张单一神教信仰，很多东帝汶土著人信仰的多神教被认为与之相悖，遭到严厉打击，因而土著人纷纷转而投向天主教，一时间天主教的信徒人数陡增。在入侵前，东帝汶社会天主教信徒占总人口的比例不到30%，而到了80年代，这一比例急剧蹿升到80%。教会势力渐增，让印尼当局感到必须采取措施，于是用印尼的神职人员取代葡萄牙或葡萄牙裔的神职人员，用印尼的弥撒仪式取代拉丁或葡式的弥撒仪式。

随着印尼的入侵，所有原葡萄牙人的利益全部被印尼人接管，东西帝汶之间的边界也不复有意义，完全开放了。边界开放后，大批西帝汶人涌入东帝汶，其中多数是农民，他们与安置移民一样，夺走了大量东帝汶人的土地。1989年1月，占领13年多之后，东帝汶地区正式向私人投资者开放。随后不久，来自苏拉威西南部的商人，主要有布吉斯（Bugis）、马卡莎勒瑟（Makassarese）、布通勒瑟（Butonese）家族成员，大多数是女性，占据了东帝汶城镇经济生活的主导地位。

对于印尼的东帝汶政策的批评由来已久，印尼著名的批评人士乔治·阿德·荣多（George Adi tjondro）指责占领早期的冲突使稻米和咖啡的产量和牲畜保有量锐减，使得东帝汶的经济恢复乏力。另外一些批评家则指责东帝汶的基础设施状况，如道路交通建设大多数时候只以满足军队和大企业的需求，毫不顾及整体规划和配套设施；由于军队把持东帝汶的关键产业，印尼国内外私人投资者都不愿前往投资等。

总之，经过近20年治理，到90年代初，东帝汶境内经济增长乏力，物资短缺，粮食短缺尤其严重；失业率，尤其是年轻人的失业率居高不下，对社会的不满情绪剧增；由于ABRI及其所扶持的准军事组织滥用暴力，社会对立情绪严重。随着冷战的结束，占领东帝汶的合法性和合理性广受质疑；印尼国内反对专制政府的呼声高涨并逐渐转化为具体的行动，苏哈托政权走到了末路。东帝汶本是一辆小车，无奈印尼也是瘦马，东帝汶日益成为印尼身上沉重的负担。

第六章 从抵抗走向独立

第一节 抵抗运动重振旗鼓

FRETILIN遭到猝不及防的打击，仓促组织的抵抗只持续了数小时，随即向中部山区败退。不过，失败的原因与其说是ABRI的实力强大，不如说是FRETILIN自身对军事斗争准备不足。FRETILIN只是一厢情愿地希冀借成立政府获取国际支持，进而与印尼周旋，对于当时的国际和地区形势未作仔细分析，或者也不会进行这样的分析，对于印尼将采取的行动浑然不知。说到底，FRETILIN对于如何建立一个国家所知其少，其军事组织FALINTIL纯粹就是一个民兵性质的准军事组织。当ABRI以迅雷之势出现在帝力之时，失败虽然在意料之外，却在情理之中。

FRETILIN自帝力败退到中部山区，度过最初惊慌失措的慌乱之后，开始慢慢收拢自己的人马。帝力之战，尽管FRETILIN十分狼狈，但基本实力未受重大损失，加上各地赶来的支援队伍陆续加入，集结起来的部队人数大约有20 000人。FALINTIL主要由前葡萄牙殖民军队的土著士兵、退伍军人、接受过葡萄牙殖民军队训练的以及其他受过军事训练的人员组成，主要装备是葡萄牙殖民当局遗留的，无论从单兵素质还是装备水平来说，很难将其视为一支正规军队。退却到山区以后，FRETILIN和FALINTIL领导人开始认识到与ABRI直接对抗、硬碰硬地打阵地战是行不通的，只有利用山区地形复杂险峻，依托当地人民的支持进行游击斗争。

尽管ABRI很快就占据了东帝汶的各个主要城镇，但之外的广大区域仍在FALINTIL手中。他们利用熟知地形的优势，借助当地居民的配合，加上战术相对灵活，不断组织各种规模的抵抗战斗，使ABRI只能龟缩在依托的城镇中。至1976年8月，也就是发起占领行动近9个月之后，ABRI还是只控制了主要城镇和少部分乡村以及连接这些地区的走廊地带。据1977年3月美国国务院评估，东帝汶三分之二的人口仍不受ABRI控制。

起初，ABRI上上下下都充满乐观的情绪，踌躇满志扬言，在帝力吃早餐、到包考吃午饭、晚饭时就饮马罗斯帕罗斯了。帝力位于东帝汶西部，包考在中部，罗斯帕罗斯在岛的东端，也就是说自西向东，一天之间就可以夺取东帝汶全境。这种乐观情绪也影响了苏哈托，他相信了印尼情报部门的估计，ABRI大军一到，FRETILIN必然望风披靡，占领与合并将兵不血刃的迅速完成。然而，实际情况却正好相反，东帝汶人的抵抗远远超乎预期，彻底控制东帝汶全境的既定战略目标迟迟不能实现，还令ABRI损失严重。澳大利亚情报部门对此曾进行过评估，报告称ABRI占领帝力的头几个星期，伤亡人数约450名，到了1976年仅仅前4个月，阵亡士兵就达2 000人。

在消耗了大量的人力和物资资源的同时，印尼当局受到的各方压力日益增加。这一时期，抨击军方对东帝汶形势的误判和战术指挥不力，成为印尼国内发泄对苏哈托军政府不满的重要方式。

面对严峻的形势，ABRI收起了最初轻敌冒进的情绪，开始认真研究解决东帝汶抵抗武装的问题。自1977年9月开始，ABRI开始实施其精心准备的新策略——"重兵合围、聚而歼之"，发起了为期18个月的清剿战役。ABRI集结35 000名士兵，在强大的空中和炮兵火力掩护下，由控制区边界和海岸多路渗透，依托强大的海空火力支援，一步一步将抵抗武装的控制区域压缩蚕食，最后将其牢牢围困在中部山区。这一战术终于奏效，FRETILIN受到惨重损失。1978年11月22日，FRETILIN位于玛德比安山区（Mount Matebian）的大本营被ABRI血洗摧毁，12月31日，FRETILIN的重要领导人同时也是FALINTIL司令官的尼克劳·罗巴铎被ABRI特种部队击毙，尸体被运到帝力示众。为了纪念这位为独立献身的英雄，独立后将科莫洛（Comoro）机场更名为尼克劳·罗巴铎总统国际机场（Presidente Nicolau Lobato International Airport）。[①]

---

① 擒获并击毙尼克劳·罗巴铎的是印尼特种部队"科帕苏"（Kopassu）的年轻中尉普拉波乌·苏比安多（Prabowo Subianto）。1974年普拉波乌自印尼军事学院毕业后，进入特种部队"科帕苏"中服役，击毙尼克劳使他获得上层青睐，由此官运亨通，不久更迎娶苏哈托爱女丝提（Siti Hediati Hariyadi），连续获得擢拔，至1995年已荣升中将，执掌"科帕苏"。期间，普率部再次回到东帝汶，将东帝汶视为自己的"封邑"。1998年苏哈托被迫下台后，普作为苏哈托集团最重要的成员，受到一系列指控。印尼国内指控他使用拷打、绑架、诽谤、暗杀等手段对付苏哈托的政敌、持不同意见的知识分子和社会活动家，一手发动了1997—1998年主要针对印尼华人的大骚乱。以澳大利亚为基地的"东帝汶国际声援中心"则要求国际战争犯罪法庭对他发出通缉，因为在他的指挥之下"科帕苏"在东帝汶犯下累累残暴罪行。尽管如此，苏哈托的副手哈比接任总统后，解除了普拉波乌的军职，以"自愿流放"的说法将其驱逐出国了事。令人匪夷所思的是，2009年，回国后的普拉波乌摇身一变成了角逐总统大位的党派领袖，最后卷土重来的梦想被昔日同窗苏西诺狙灭。

经过 ABRI 重兵围剿，至 1979 年 3 月战役结束时，FRETILIN 已坠入历史上最低潮的时期。大片游击区沦陷，依托的村庄和人民数量锐减；除尼克劳被击毙外，大批领导人或阵亡或逃跑或投降；FALINTIL 损失了 80% 的人员和 90% 的装备；与外界的联系几乎完全中断。强敌环伺，FRETILIN 内部却开始分裂。"总统"弗朗西斯科·夏瓦尔·阿玛拉尔对此持强烈反对的态度。FRETILIN 中央委员会遂将其开除出党，交士兵看押。随着 ABRI 攻势不断，FRETILIN 被迫四处转战，阿玛拉尔也在押解下随队转移。1978 年 8 月间，行军途中，FRETILIN 遭到 ABRI 的伏击，押解阿玛拉尔的游击队员被迫扔下他逃命，阿玛拉尔随即被 ABRI 捕获。[①]

FRETILIN 还能不能坚持下去，抵抗运动是不是已经走到了尽头？1980 年只有零星的消息表明 FRETILIN 还保存着微弱的火光。

第二节　斗争策略因时而变

夏纳纳·古斯芒就在这个艰难的时期成为 FRETILIN 的新领导人，登上了东帝汶的政治舞台。古斯芒原名何塞·亚历山德罗·古斯芒（Jose Alexandre Gusmo），1946 年 6 月 20 日出生于马拉笃笃，父母是教师，在 9 个兄弟姐妹中排行老二，有葡萄牙血统。在教会学校接受完初等教育后，古斯芒 15 岁开始在帝力寻找工作，他当过打字员、美工、渔夫等，工作间歇坚持自学。在一家报社当记者期间，古斯芒给自己取了一个笔名"夏纳纳"（Xanana），没想到这个名字伴随了他一生。不知道从什么时候开始，他自称为凯·拉拉·夏纳纳·古斯芒（Kay Rala Xanana Gusmo）。1966 年古斯芒当上了公务员，1968 年应征入伍，服了 3 年兵役，退伍后继续当公务员，并开始接触独立运动。1974 年 FRETILIN 成立，古斯芒随即加入，但于 1975 年中期卷入与 UDT 的争端，被捕入狱。8 月内战后，FRETILIN 控制局势，古斯芒获释，当上了 FRETILIN 宣传部门的副手。1975 年 11 月 28 日建国时，古斯芒当选 FRETILIN 中央委员会委员。到 1978 年，古斯芒仿佛一夜之间就成了 FRETILIN 的领导人，原因很简单，其他的领导人都不在了。

---

① 阿玛拉尔被捕后，先是被严密看管、拘禁在帝力，1983 年移送至雅加达关押，直到 1999 年印尼撤军后才被释放。2002 年 4 月，东帝汶举行大选，阿玛拉尔出马与夏纳纳·古斯芒竞选总统，最后完败。2007 年，阿玛拉尔再次参选总统，在所有候选人中位列第 4，获得 14.39% 的选票。2012 年 3 月 6 日，阿玛拉尔在帝力去世。

在东帝汶民间，传说古斯芒带着"50名东部亡命徒"，在抵抗运动最困难的时候，重新使FRETILIN焕发了生机。不过根据形势调整了对敌战略也许才是真正的原因。古斯芒将剩余的人员重新组织，化整为零，分散到山野林间，各个抵抗小组自主决定各自的行动，运用更加灵活的战术，首先避免被一网打尽，然后再图发展。分散活动的抵抗小组慢慢渗透出ABRI的封锁圈，在印尼控制区开展起活动，不断组织小规模袭扰战，一方面打击了敌人，另一方面在广大乡村地区重新获得了支持。

除了军事策略改弦更张，古斯芒最大的成功之处在于注意军事斗争之外的反抗统一战线的建设。由于印尼占领当局软弱无力，所有事务实际上被军方把持，而ABRI本身又军纪松弛、贪腐成风，对待东帝汶人残暴嗜血，东帝汶各个阶层的不满情绪越来越强烈，都不再对印尼的统治抱有幻想。占领政府中的人，从最低级的地方负责人到级别较高的官员都开始通过各种渠道与抵抗运动接触。掌握FRETILIN领导权后，古斯芒敏锐地捕捉到全社会不断积累的不满情绪，逐渐将抵抗运动的影响渗透到印尼占领政权的各个方面，与各种反印尼势力尤其是比较温和的中间派人士建立起联系，逐渐形成一个了庞大、高效而隐蔽的抵抗网络。通过这一网络的建立，以古斯芒为首的抵抗组织源源不断地获得有关印尼人的情报，更加重要的是，FRETILIN终于有了与国际社会联系的管道，揭露ABRI暴行和东帝汶人悲惨遭遇的声音开始出现在国际舆论中间，尽管起初这些声音还很细小。

ABRI察觉到了抵抗运动战略战术的变化，也对自己的战术做了相应的调整，在继续发动各式各样的清剿行动打击抵抗组织的活动的同时，更加注意破坏抵抗组织的领导层，即实施"斩首"战术，将俘虏或击毙古斯芒等抵抗运动领导人列为各种行动的重要目标。1981年，为了更彻底地根除抵抗运动的存在基础，ABRI开始采用新的战术，逼迫东帝汶人作为"人盾"掩护士兵向抵抗组织进攻，名为"人腿篱笆"。与当年日军对付澳军小部队的方式如出一辙。9月在帝力东南部的阿伊塔纳山（Mount Aitana）的山坡上，ABRI枪杀了160名FRETILIN战士和他们的家人。对于人数已经不多的抵抗组织，不啻是一次沉重的打击。越来越多的抵抗运动人士清醒地认识到，东帝汶和印尼根本不是一个重量级的对手，要赢得抵抗运动的最终胜利，必须寻找另外一条道路。

第三节 斗争形势出现转机

1983年初，印尼军方有意与抵抗组织进行停火谈判。也许此时双方都认为继续厮杀下去不会有任何结果。古斯芒与印尼军队的威廉姆·达·葛西达（William da Costa）将军在偏僻的拉里·古多（Lari Guto）山地营地举行了会谈。3月23日，古斯芒与普万多上校（Colonel Purwanto）签订了停火协议。不过停火维持的时间还不到半年，8月23日，ABRI就率先打破了停火约定，抵抗组织只好应战，东帝汶土地上又硝烟弥漫。指示撕毁停火协议的是3月间刚刚出任ABRI总司令官的本尼·穆达尼将军，[①] 用以表明印尼政府不会对抵抗运动妥协，或也有平息国内对军队行动不力的指责的意思，苏哈托总统本人也同意终止停火。ABRI随后发动了新的代号为"团结行动"（Operation Unity）的军事行动。

但印尼政府可能没有注意到，东帝汶的局势已经悄悄开始转变，武力解决的希望正在慢慢变得渺茫。这一时期，一些非政府组织，如ETAN（East Timor Action Network，东帝汶行动网络）、天主教教会组织，以及流亡的前FRETILIN成员，如担任东帝汶联合国代表的奥尔塔等，对争取东帝汶问题国际化做了很多工作。国际社会对东帝汶问题的关注逐渐增加，抵抗运动也开始得到来自国际社会的声援。有关东帝汶被非法占领和东帝汶发生的种种有种族灭绝性质的践踏人权的行为，在越来越多的场合进行过讨论。

20世纪80年代中后期，思考良久的古斯芒决定联合FRETILIN、UDT、KOTA、TRABALHISTA等一切反对印尼占领的政治派别，共同组建一个新的抵

---

① 本尼·穆达尼（Leonardus Benjamin Moerdani, 1932—2004）出身于中爪哇一个铁路工人家庭，从小即勇悍。印尼国民军（TKR，ABRI的前身）刚组建，穆达尼即参军，成为一名学生兵，完成中学学业后又进入印尼军官培训中心及步兵学校学习。1952年毕业后成为军官候补生，两年后授中尉军衔，驻守西爪哇。1960年穆达尼开始崭露头角，被送到美国本宁堡（Fort Bening）步兵学校学习，期间在美101空降师受训。1961年回国后出任空降部队教官，参加西伊里安（West Irian）战役，迫使荷兰军队退出该岛。穆达尼在此役中的表现引起了苏哈托的注意。1983年3月，苏哈托亲自提名其担任ABRI总司令。1988年，穆达尼与苏哈托的关系出现了裂痕，指责苏哈托政权的腐败和裙带关系，随后被打入冷宫。2004年8月29日，穆达尼因中风去世。在东帝汶问题上，穆达尼一直是印尼政府中最强硬的鹰派，"科莫多计划"就是其一手策划制订，期间甚至连军方高层也不知道这个计划的具体内容，引得一片众怒。穆达尼还有一个另类之处，在伊斯兰教占绝对统治地位的印尼，他却是一个天主教徒。这是因为他的妻子有一半德国血统，笃信天主教。

抗组织联盟——东帝汶全国联盟（National Pact for East Timor，葡语Convergencia Nacional Timorense，简称CNT）。CNT的成立，标志着古斯芒放弃了FRETILIN的意识形态，放弃了左翼运动的纲领与主张，从此与FRETILIN分道扬镳。然而，这个组织一成立即陷入党派之争，一些派别甚至拒绝与CNT沾上边。对此感到无比失望的古斯芒和奥尔塔于1987年双双宣布退出FRETILIN，重新组建"东帝汶人民全国抵抗大会"（National Council for Maubere Resistance，葡语 Conselho Nacional da Resistencia Maubere，简称CNRM）。UDT和KOTA再次拒绝加入这个新联盟。

20世纪80年代就在各方势力的尔虞我诈中匆匆过去。东帝汶这片深掩在南太平洋深处的小小岛屿表面上如一潭死水，日复一日重复着同样的故事，没有变化。然而外面的世界却发生了天翻地覆的巨变。1946年开始的东西方冷战，随着1989年11月9日柏林墙的轰然倒塌进入尾声，世界因为意识形态被划分为东西阵营的时代即将结束。不久，东帝汶局势爆发了一起重大事件。

1991年10月，葡萄牙的代表计划访问东帝汶，迫切希望向外界述说的东帝汶人，尤其是学生活动分子和FRETILIN对此抱有很高的期待。然而印尼政府在"最后一分钟"取消了这次访问。[①]10月28日占领当局发现一伙抵抗运动成员躲避在莫达尔大教堂，即前往搜捕，支持占领当局的当地活跃分子和教堂内的抵抗分子之间形成对峙，接着发生冲突，一名亲印尼方的人被杀死，抵抗分子一方的青年学生塞巴蒂奥·戈麦斯（Sebastiao Gomes）被拖出教堂，随即被印尼士兵开枪打死。此事激起社会广泛不满，抵抗运动即决定11月12日在圣·克鲁兹公墓举行塞巴蒂奥·戈麦斯的悼念集会。一些原准备报道葡萄牙代表访问东帝汶的外国记者这时已经来到帝力，其中有美国记者艾美·古德曼（Amy Goodman）、艾伦·奈恩（Allan Nairn），英国记者马克斯·斯特尔（Max Stahl）等，既然葡萄牙代表不来了，他们打算出席这次集会。抵抗运动方面认为有外国记者在场，ABRI会采取克制的态度。

---

① 1991年10月，在参加荷兰政治家皮特（Pieter Kooijmans）所作联合国有关刑讯的人权特别报告期间，葡萄牙国会议员和12名记者计划前往东帝汶进行访问。印尼政府并没有直接拒绝访问要求，只是不允许记者中的澳大利亚人杰欧·焦里弗（Jill Jolliffe）入境，理由是印尼政府认为他支持FRETILIN。交涉未果，葡萄牙即取消了访问计划。对这次访问抱有很高期望的东帝汶抵抗运动成员，特别是年轻人对此都感到很失望，将怨恨归咎于印尼占领当局，双方的关系立刻紧张起来。

1991年11月12日，大约2500人参加了悼念活动，包括很多老人、妇女、儿童。参加者先在莫达尔大教堂举行悼念弥撒，尔后参加者从教堂鱼贯而出，排起长队向圣·克鲁兹公墓行进。这一段路程并不算短，沿途游行人群高呼"Timor-Laste"（与占领时期的名称"Timor Timur"相区别，意为呼吁"独立"）和"Freedom"（自由）。一些参加者在进行队伍中打出了抗议的标语和东帝汶的旗帜。活动组织者努力维持队伍的秩序，尽管显得很嘈杂。但总的来说还是保持了和平抗议的局面。这是自1975年印尼占领以来最大规模的公开的抗议活动。

抗议人群与夹道警戒的印尼军警之间开始只是对峙，之后印尼军官格尔汉·兰达拉（Gerhan Lantara）少校称被抗议分子刺伤。马克斯·斯特尔说兰达拉被刺伤是因为他打了一个手持东帝汶旗帜的女孩。FRETILIN成员康斯唐西奥·宾铎（constancio Pinto）声称自己亲眼看见印尼士兵和警察多次殴打抗议群众。抗议队伍到达圣·克鲁兹公墓时，因为圣·克鲁兹公墓面积狭小，密密麻麻排满墓冢，抗议队伍只有最前面一部分人进到墓地，大部分人拥挤在墓地墙外，挥舞旗帜，呼喊独立口号。印尼士兵此时就站在游行队伍相对的一边注视着队伍的动向，随后200名左右的印尼士兵赶来增援，突然开枪向抗议人群射击。人群顿时大乱，纷纷冲进墓地躲避印尼士兵的追击。一直跟随抗议队伍的艾美·古德曼、艾伦·奈恩、马克斯·斯特尔目击了全过程，马克斯用摄像机将全过程都拍摄了下来。在他拍摄期间，艾美和艾伦试图保护抗议者，站到印尼军警和抗议人群中间，印尼士兵将艾美打倒在地，艾伦抢上前保护她，印尼士兵一枪托打在他头上，打得颅骨骨折。居住在不远处的华人回忆，当时共响了70余阵枪声。事后统计至少271名集会人员被打死，其中包括新西兰人卡麦尔·巴马哈吉（Kamal Bamadhaj），一名政治学学生和人权活动积极分子。另有200人失踪，受伤者不计其数。受伤者随后被印尼安全部门的军人带走，其中一些人被殴打致死，一些人被注射药物致死。这就是著名的"圣·克鲁兹公墓大屠杀"事件。

马克斯的摄制小组离开东帝汶时，印尼方面将他们所有东西都搜了一遍，而到达澳大利亚达尔文市时，澳大利亚方面也对他们进行了彻底搜查，不过机警的马克斯小组已经事先将录像带交给荷兰记者萨斯克亚·科文伯格（Saskia Kouwenberg），由他将录像带带出了东帝汶。影像素材很快被制作成名为《置身冷血：东帝汶大屠杀》（In Cold Blood：The Massacre of East Timor）的纪录片，作为每月播出的时事记录节目 First Tuesday 的纪录片于1992年1月在英国独立电视台（Independent Television，简称ITV）播出。纪录片和艾美·古德曼与艾伦·奈恩以亲历者所做的证言，立刻在全球掀起一场舆论风暴。

印尼政府辩称事件是因为士兵对抗议者挑衅的自发反应和"误会"。但是，这种说法立即受到强烈质疑。因为印尼士兵制造的流血事件远不止这一次。在东帝汶别的地方，如克里卡伊（Quelicai）、拉克鲁达（Lacluta）、克拉拉斯（Kraras）等地发生的大屠杀也陆续被揭露出来。而来自印尼内部的质疑则更使这种解释站不住脚。

事件发生后，世界的目光顿时集中到了这个长期无人关注的地方。在英国、美国、日本、马来西亚、德国、爱尔兰、巴西、葡萄牙、澳大利亚等国家一大批声援东帝汶的民间组织纷纷成立。之前就一直关注东帝汶局势的民间组织如ETAN、TRPOL（1973年成立于英国，呼吁印尼国内民主的团体）等更积极行动起来，ETAN在美国的分支组织很快就在十余个城市建立起来。他们给联合国施加压力，要求给予东帝汶民族自决的权力并谴责印尼的占领。印尼政府试图掩盖事实，可是不仅徒劳无功，反而招致对印尼控制国内媒体的做法空前猛烈的抨击。印尼突然被摆在放大镜下为全世界审视，苏哈托政府及其所推行的"新秩序"运动遭到前所未有的、来自国内外的强烈批评。对印尼军队的抨击尤其激烈，批评的声音不仅仅来自国际。

印尼国内的精英阶层对专横跋扈的军人长期积聚的不满情绪也在此时爆发，他们的批评甚至比国际上的批评更加尖锐。美国随即宣布终止与印尼合作的军方培训项目，不过军售项目还得以继续。葡萄牙宣布与印尼断绝外交关系，不过在欧盟体制下，葡萄牙的影响十分有限，因为主导欧盟的大国如英国，在印尼有广泛经济利益也有军售合作，不愿意采取过多行动。

澳大利亚全国都爆发了对政府承认印尼占领东帝汶合法性的做法的挞伐，迫使政府修改与印尼的外交关系政策，1999年东帝汶骚乱以后更完全终止与印尼的军事合作。

迫于国际压力，苏哈托任命了一个调查委员会着手调查这一事件。调查报告称，东帝汶驻军滥用武力且军纪废弛。随后3名军官被强制退役，8名相关军官和士兵被送上军事法庭，被判8到14个月刑期。东帝汶驻军长官瓦尔若（Rudolf Warouw）准将被免职，理由不是他纵容部下，反而是因为雅加达认为他对待抵抗组织过于宽容。直接负责东帝汶事务的巴厘岛长官也被免职。苏哈托这样做不过是给国际社会一个交代而已。随后，雅加达对东帝汶采取了更加严厉的管制措施，严格禁止外国记者前往东帝汶采访，任何对FRETILIN表现出同情的人士都将遭到逮捕。普拉博沃·苏比安多动用他掌握的特务组织，大肆搜捕、暗杀、恐吓抵抗分子和同情抵抗运动的人士。

可是铁幕已经被掀开，要想再关上已经不可能了。抵抗运动在占领当局严厉镇压之下并没有再次落入低潮，反而认识到了国际舆论的强大力量，开始越来越娴熟地与国际同情力量相互联系，将东帝汶的情况源源不断地提供给国际舆论界。来自世界各国的记者，包括几乎所有的大牌媒体，通过各种途径，很多时候是偷渡，朝圣一般涌进东帝汶。记者们无一例外地都对古斯芒进行了采访，古斯芒作为抵抗组织的偶像蜚声国际。

1992年11月20日古斯芒在帝力被ABRI捕获。[①] 1993年2月以"颠覆罪"被起诉，但法庭禁止他宣读其27页的辩白书。5月21日，古斯芒被以"扰乱东帝汶社会秩序"的罪名判处终身监禁，押往雅加达芝宾郎（Cipinang）印尼国家监狱囚禁。随后刑期被减为20年。[②]

古斯芒退出FRETILIN，特别是被捕之后，戴维·阿历克斯（David Alex）成为抵抗运动新的明星。早在1982年ABRI散发的作战手册中分析了FRETILIN和FALINTIL的组织结构，其中就提到戴维·阿历克斯是能力出众的军事领导人，并且深受部下爱戴。

戴维·阿历克斯出生于包考一个部落贵族家庭，曾经受葡萄牙人的军事训练，1975年24岁时加入FALINTIL。战争最严酷的时候，他领导一支FALINTIL小部队在东部地区进行游击战，即所谓"50名东部亡命徒"。他曾说"没有投降那回事。我们将战斗到最后一滴血"。这句话在抵抗运动中流传甚广。戴维·阿

---

① 古斯芒的被捕多少有点离奇，他本人对此也很少谈及。阴谋论者认为，是他与印尼方面达成了某种协议，以被捕的名义与FRETILIN划清界限，从而为将来执掌东帝汶政权做准备，而这样的安排据说也有西方的因素。这一点可以从其在狱中仍然可以掌握抵抗运动的领导权，而联合国官员定期前往狱中拜会他看到端倪。

② 1993年5月，古斯芒被控的罪名包括：组织叛乱罪、非法拥有武器罪、企图分裂印尼国家罪等。1993年8月苏哈托亲自将他的刑期减为20年。古斯芒的监狱生活可能是轻松的，他仍然领导着抵抗力量，联合国的代表定期到监狱来与他交换有关东帝汶问题的意见，一些权贵也到狱中探望他，最有名的属时任南非总统的曼德拉。在狱中，他开始与一位同情东帝汶抵抗运动的澳大利亚人书信往来，这个人名叫克尔斯蒂·索德（Kirsty Sword），是一名英语教师，多年以后的2000年，两个人终于相见，遂结为伉俪，克尔斯蒂成为古斯芒第二任妻子。

历克斯认为1975年以后的战争，不再是传统意义上双方面对面厮杀的战争，而是一系列"猫鼠游戏"式的分散的战斗组成的战争。显然，戴维·阿历克斯很擅长玩这种"猫鼠游戏"，他说："FALINTIL按自己的方式行动，这种方式就是聪明的战斗，保存自己的人员和装备。所谓聪明的战斗就是只寻找敌人最薄弱的部分给以打击，而避开敌人坚固设防的地方。"

1995年戴维·阿历克斯接受了澳大利亚记者约翰·马丁库斯（John Martinkus）和丹尼尔·彼得森（Daniel Pedersen）的采访。[①]当时戴维·阿历克斯是FALINTIL东部中心区的司令官，他称在20年的战斗中到底杀死了多少印尼士兵已经记不清了，仅过去1年，他领导的一系列行动共计杀死了30名印尼士兵。采访录像在澳大利亚播出后，衣衫褴褛的抵抗战士为独立而浴血奋战的画面令无数澳大利亚人动容，戴维·阿历克斯继古斯芒之后成为抵抗运动的标志人物。他说："（1995年）1月，在维格格，我们的1名游击队员被杀害了，他还是个孩子，叫比比勒乌（Bibileu），到6月，我们在他遇害的村庄附近打了一次伏击，狠狠地教训了印尼人，还击毁了他们一辆车。"这种"以牙还牙、以眼还眼"的快意恩仇，使其在东帝汶民间的声誉之隆，如同罗宾汉、威廉·退尔。

谈到抵抗力量时，他说："我不能告诉你（FALINTIL）人数的准确数字，我可以说的是在全东帝汶（这样的战士）有很多。"戴维·阿历克斯还说："FALINTIL在全国区域内传播和活动。4年前，我们的活动还受到限制，今天我们存在的范围和活动的数量在不断增加。它将永远存在下去。"对于FALINTIL，戴维·阿历克斯解释道："FALINTIL是一群在东帝汶广阔山地手握武器与印尼军队不断战斗的人。"

戴维·阿历克斯还谈到了对抵抗运动以及东帝汶的未来。1996年11月下旬，他对来访的记者说："为了人民的权力，为了让他们抱有希望，我们会永远战斗下去。只有这样，我们才能够迫使印尼和支持苏哈托政权的国家，尤其是美国，遵循国际法，尊重我们的自决权。"

---

① 前来采访的澳大利亚记者刚抵达东帝汶，甚至还没有到宾馆登记入住，就有抵抗组织的人前来与他们接洽采访的事宜，接头的人对这些记者姓甚名谁、从哪里来、要采访哪些人一清二楚。在采访期间，不管走到哪里，游击队总有办法与记者保持直接联系。有时候，记者想与游击队领导人联系，在宾馆房间里就会接到使用暗语的电话告知想了解的情况。这些传递消息的信使，"随时面临遭到逮捕和刑讯的危险，不过他们不以为意"。

1992年，仍然流亡的奥尔塔提出了一个东帝汶和平解决方案，内容包括印尼撤军，东帝汶组织全民公决，以决定东帝汶是独立、保持与印尼的合并还是以松散的形式（联邦）加入葡萄牙。多年国际政坛的经历，奥尔塔比国内的抵抗运动领导人对东帝汶的形势有更加清醒的认识。奥尔塔自己解释这份方案时说："这份和平方案基于渐进的解决方式，与后来以色列和巴勒斯坦达成的奥斯陆和平路线图很相似。如果印尼人接受这个方案，战争就可以停止，更多的杀戮和破坏也将不会发生。他们就可以体面的维持（在东帝汶）的存在，而东帝汶可以享受一段自治时期，与印尼人和平相处。和平协议签署20年后，再举行全民投票（决定东帝汶的未来）。遗憾的是，我面对的是一个不懂得对话、妥协、变通以获得共赢结果的独裁政府。（印尼）军人只懂得'我赢'。"这份方案的一个隐含的意义是，一部分（如奥尔塔）东帝汶抵抗组织的领导人放弃了使用武装斗争争取独立的主张，而将独立的希望寄托于国际社会的干预。这份方案的提出，也宣布FRETILIN作为抵抗运动领导力量的地位就此结束了。多年以后，东帝汶正是按照奥尔塔的方案走向独立。

1993年，比尔·克林顿（Bill Clinton）政府改变了支持印尼的策略，转而开始质疑印尼占领东帝汶的合法性。联合国人权委员会（The UN Human Rights Commission）也使用"严重关注"（Deep Concern）的字眼表达对印尼在东帝汶践踏人权行为的不满。5月，克林顿政府将印尼列入人权状况"观察"（watch）名单。7月在东京与苏哈托会面时，克林顿更直言不讳地表达了对东帝汶人权状况的"密切关注"。1994年初，美国取消了对印尼的小型武器出口，随后又取消了包括武装直升机、装甲运兵车在内的武器出口。同时，克林顿政府为印尼提供了40亿美元经济援助。这是标准的"大棒加胡萝卜"的操作方式，苏哈托政权承受的压力从舆论层面转到了实质层面。

美国的态度往往是国际政治的风向标。1996年，诺贝尔和平奖授予了奥尔塔和帝力主教贝罗（Carlos Filipe Ximenes Belo），表彰他们多年来为争取遭到野蛮入侵的东帝汶人民的权利所作的坚持不懈的努力。诺贝尔和平奖颁奖的政治意义远远大于真正的褒奖意义，这是人所共知的，东帝汶人获得这个奖，是国际社会明白无误地告诉印尼，所有人都站到了东帝汶一边。这次颁奖使印尼政府在外交上一时十分尴尬，随后又变本加厉地将愤怒发泄到东帝汶人身上。

1997年6月25日，戴维·阿历克斯在与ABRI的战斗中腿部和臂部中弹，被印尼士兵俘获随后被押往"科帕苏"在包考的司令部，经确认身份后，用直升机运至帝力的ABRI情报部门总部，随后死亡。印尼军方称死因是其负伤导致失血过多，虽经竭力抢救，但抢救无效死亡。然而抵抗运动得到的消息是，印尼士兵对其进行了严刑拷打，最后将其杀死。印尼方面自然否认这种说法，但不同意大赦国际提出的尸检要求，也不准家属查看，而将尸体匆匆掩埋。

对比古斯芒和戴维·阿历克斯在被捕后截然不同的命运，FRETILIN的悲剧特质就显得尤其突出了。FRETILIN这个被打上左翼政治派别标记的组织，尽管得到多数东帝汶人的拥护和支持，尽管没有FRETILIN的决不妥协的艰苦战斗就不可能有东帝汶抵抗运动作为独立政治势力的地位，尽管在这面旗帜的带领下无数人战斗到血沃山野，然而从一开始它就是一个弃儿，在抵抗运动越接近胜利的时候，它就越被排挤在分享胜利的人群之外。

几乎与此同时，也在1997年6月，南非总统纳尔逊·曼德拉（Nel son Mandela）飞抵雅加达，会见了已经被监禁5年的古斯芒。多年以后，古斯芒被称为"东帝汶的曼德拉"可能也是缘于这次会面。东帝汶问题成功国际化后，要求印尼政府释放古斯芒的呼声越来越高。与古斯芒举行会谈之后，曼德拉对苏哈托说，要想解决东帝汶的冲突，这个人必须要释放。①

尽管曼德拉请求，苏哈托还是拒绝释放古斯芒。古斯芒被释放时间是1999年2月，彼时苏哈托已经下台，签署释放命令的是苏哈托的继任者哈比比。不过，古斯芒并没有因释放而获得自由，他被软禁在雅加达直到1999年10月。

第四节　独立大门悄然推开

1997年7月从泰国刮起的金融风暴在1998年初到达印尼，2月16日印尼盾对美元比价一路狂泻，跌破10 000：1，5月19日更跌至17 000：1。几乎一夜之间，印尼沦为这一次自1930年代世界经济大萧条以来最严重的经济危机的最严重灾区，30年的经济神话瞬间破灭，坠入空前的经济和政治危机漩涡之中。经济形势恶化的同时，四处肆虐的森林大火，不断加剧的族群冲突，社会治安状况恶化，

---

① 尽管曼德拉请求，苏哈托还是拒绝释放古斯芒。古斯芒被释放的时间在1999年2月，彼时老对头苏哈托也已经下台，签署释放命令的是苏哈托的继任者哈比比。不过古斯芒并没有因释放获得自由，他被软禁在雅加达直到1999年10月。

要求民主的运动大规模爆发，商界对政府任人唯亲贪腐成风的猛烈抨击，国际货币基金组织等明确要求以印尼政治改革为前提条件提供资金援助等一系列危机同时发作，苏哈托政权走到末路。5月21日上午，内外交困的苏哈托发表全国广播讲话，黯然宣布下台。对东帝汶坚持强硬路线的印尼政权不复存在，东帝汶独立的大门悄然推开。

曙光在前的东帝汶人终于一展愁眉，各个党派之间的争议也被暂时搁置，携手参加了1998年在葡萄牙彭尼奇（Peniche）举行的东帝汶各方会议。这次会议上，CNRM更名为CNRT（National Council for East Timorese Resistance，葡语Conselho Nacional da Resistencia Timorese），成为各方认可的东帝汶抵抗运动的领导组织和代表组织。UDT领导人卡拉斯卡劳（Joao Carrascalao）提议推举仍被印尼关押的古斯芒为CNRT的领导人，奥尔塔被选举为CNRT副主席和执行委员会委员。[①] 会议期间充满了一派乐观气氛，主要议程也不是抵抗运动的斗争方向等事项，而是商讨建立新的东帝汶国家，甚至还成立了候任政府，以便在"不远的将来"获得独立后履行政府管理的职能。尽管经过多年的斗争以及与国际社会已经有了比较广泛的接触，东帝汶各个政治派别依然是盘算自己小团体利益的能力要远远胜于对国内局势的判断能力，更不用说对国际局势的判断能力了。

苏哈托去职，解决东帝汶问题的各方会谈随即展开。葡萄牙（在国际法上仍然是东帝汶宗主国）、印尼、联合国经过磋商，1998年8月联合国秘书长、印尼和葡萄牙两国外长代表各方达成协议，同意就东帝汶前途举行全民公决。1999年1月27日，接任总统的哈比比宣布东帝汶人民有权利得到决定自己命运的机会，他们可以选择以自治区域形式留在印尼，也可以选择独立。1999年5月5日，三方最终在纽约达成"纽约协议"（New York Agreement），同意设立联合国提议的"广泛征询委员会"（Popular Consultation），8月举行东帝汶前途的全民公决。协议还要求立即释放古斯芒，并要求印尼军警在此期间维持东帝汶的安全局势，保证全民公决的顺利进行。

然而这期间东帝汶的安全局势却日趋恶化。"全民公决"使东帝汶公开分裂为支持独立和支持合并的两大阵营，其中支持合并势力的代表就是占领期间由印尼军方一手训练并提供武器装备的亲印尼的民兵，尽管1998年10月至1999年1月

---

① 多年以来，CNRT和FRETILIN之间口水战不断，对于谁才是东帝汶建国的领导力量的争论尤其激烈。双方各执一词，针锋相对，至今仍难以定案。

间，印尼军方对其进行了整编，其势力依然不可小视。这些民兵组织主要有，东部地区（以罗斯帕罗斯和包考为中心）的蒂姆·阿尔法（Tim Alfa）、萨卡（Saka）、马基基特（Makikit）等，中西部（以马里阿娜为中心）的马希迪（Mahidi）、哈林塔尔（Halilintar）等。另外在东帝汶的各个地区，还有大量的类似的民兵组织活动。亲印尼民兵组织自4月开始发起破坏全民公决的活动，包括威胁选民、制造骚乱等，其活动贯穿1999年，且愈演愈烈，直到联合国东帝汶援助团（United Nations Assistance Mission to East Timor，UNAMET）到达后才稍被抑制。

1999年7月前，由前大赦国际领导人布雷顿·安·马丁（Briton Ian Martin）领导的UNAMET成立，包括271名民事警察、50名军事联络员、632名国际雇员和志愿者（其中有多位来自中国的高级行政人员）。UNAMET抵达东帝汶后，雇佣了4 000名当地人，作为顾问、翻译、选举工作人员等。UNAMET的工作卓有成效，所有人都为举行一次自由公正的选举而努力。很快，UNAMET在东帝汶初步建立起组织管理体系，开始在东帝汶各地进行全民公决前的培训和选民登记工作。7月，联合国认可的大批选举观察员和记者（包括ETAN，东帝汶观察员项目IFET-OP等的非政府组织人员）来到东帝汶，准备监督和报道即将举行的全民投票。登记的选民人数达到了450 000人，也大大超出预期。

随着全民公决准备工作紧锣密鼓地进行，亲印尼民兵的活动愈发猖獗，原定6月22日开始的选民登记工作不得不延迟到7月13日开始，投票日期也从原定的8月8日延迟到8月22日，又再延迟到8月30日。随着投票日期的临近，8月17日亲印尼民兵公开叫嚣投票独立就意味着血洗（blood-bath）。教会为弥合双方的分歧曾做过一些努力，但收效有限。

8月30日，全民投票就在这阴云密布中开始了。全东帝汶98%登记选民参加了投票。遍布东帝汶各地的投票站前都排起长长的队伍，也许东帝汶人都明白这次投票的意义。9月1日，各地的票箱由直升机运到帝力，开始计票。发誓要制造血案阻止投票的亲印尼民兵发起了绝望一击，袭击对象不仅是他们认为支持独立的选民，也袭击UNAMET工作人员、投票观察员和记者，各地的UNAMET工作人员不得不撤回帝力。亲印尼民兵强迫大批东帝汶人（超过250 000人）登上他们找得到的一切车辆，开往西帝汶的边境小镇阿当布阿，住进了民兵控制的集中营。印尼军警也参与制造了这次大逃亡。

9月4日，全民公决的结果在帝力公布，78.5%的选民支持独立，21.5%支持自治。结果公布后，亲印尼民兵在印尼军警支持下开始疯狂报复，实施所谓"焦土政策"（scorched earth policy），一时间整个东帝汶都被点燃了，熊熊火焰冲天而起，浓烟密布遮天蔽日。据估计，东帝汶全境超过70%的建筑被焚毁，通讯系统全部被破坏，交通体系破坏严重。今天在东帝汶各地，包括首都帝力随处可见这次大破坏的痕迹。

面对失控的局面，经过冗长而复杂的谈判，澳大利亚同意牵头组成联合国维持和平部队——东帝汶国际部队（INTERFET）前往东帝汶。9月12日哈比比同意INTERFET进入东帝汶以控制局势。9月20日，INTERFET抵达帝力，亲印尼民兵随之逃往西帝汶。UNAMET重返东帝汶。10月19日印尼政府宣布承认全民公决结果，与东帝汶的合并正式终止。10月22日，古斯芒解除软禁回到帝力。在他被释放前两天，也就是10月20日，驻扎了24年的印尼军队开始从东帝汶撤离。

10月25日，联合国安理会责成以UNAMET基础成立联合国东帝汶过渡行政当局（United Nations Transitional Administration of East Timor，UNTAET），资深联合国官员巴西人萨里奥·麦罗（s6rgio Vieira de Mello）出任行政长官。[①] 10月30日，最后一名印尼驻东帝汶代表离开东帝汶。UNTAET自10月起接管了东帝汶的行政管理工作，展开维护安全，提供人道主义援助，恢复重建等工作。包括来自中国维和警察在内的大批工作人员陆续来到东帝汶。2000年，UNTAET建立起过渡行政当局的组织机构"东帝汶过渡行政部门"（East Timor Transitional Administration，ETTA），包括9个部门，联合国人员担任内务、司法、警政、民事、选举事务、财政6个部门的首脑，东帝汶人担任内政、基础建设与经济事务、外交与社会事务3个部门的首长。

2000年10月，UNAMET任命了一个36人的国家议会（National Council，NC），包括东帝汶13个地区的代表，CNRT的代表，其他政治团体和非政府组织的代表，青年代表和宗教界代表。CNRT因为与UNAMET关系密切而获益良多。不过2000年下半年，CNRT内部党派纷争的旧伤复发，FRETILIN和UDT宣布退出

① 麦罗（1948—2003）出生外交世家，资深外交家，服务于联合国超过34年，长期致力于联合国人权事务和政策项目的工作，广受尊重，深孚众望，被认为是联合国秘书长的最佳候选人。结束在东帝汶的工作后，他作为联合国秘书长伊拉克特别代表赴伊拉克工作，2003年8月19日在卡拉尔酒店爆炸案（Canal Hotel Bombing）中不幸殉职。麦罗去世后获得联合国人权奖（United Nations Prize in the Field of Human Rights）。

CNRT，甚至也拒绝参加以NC为基础的国民议会（National Congress）。随后开始筹备大选，古斯芒代表CNRT向NC提交了宪法草案，东帝汶开始进入建国程序。

第五节　浴血抗争赢得独立

2001年元旦，走过25年奋战历史的FALINTIL正式宣布解散。UN和INTERFET接管东帝汶管理后，同意FALINTIL保留武装，但必须留在营地中不得离开。解散后的部队重组为即将成立的共和国的国防武装力量——东帝汶国防军（Forca de Defesa de Timor Leste，F-FDTL），达乌尔·马丹·卢安克（Taur Matan Ruak）授准将军衔，出任F-FDTL总司令。①

2001年8月30日举行国民议会选举，FRETILIN在总计88个席位中获得55个席位（57.4%），成为议会多数党，获得组阁权，FRETILIN总书记马里·阿尔卡蒂里②成为政府候任总理。

---

① 达乌尔·马丹·卢安克，原名若惹·马里亚·华斯康瑟罗斯（Jose Maria Vasconcelos），是最后一任FALINTIL的司令官。1975年年底，印尼入侵后，达乌尔加入了FALINTIL，20多年间转战东帝汶各地，印尼撤军时他在拉嘎（Laga）。1976年起，达乌尔开始担任下级军官，1976—1979年为一名连长。1978年11月FALINTIL位于玛德比安山区的主营地被ABRI攻破后，达乌尔开始游击各地。1979年3月31日达乌尔在维格格被印尼士兵捕获，关押23天后，达乌尔设法逃出来，重新加入FALINTIL。1981年3月，达乌尔被任命为FALINTIL的助理参谋长，负责东部分区的作战指挥，之后又负责中部分区，1984—1986年任西部分区军事顾问。1986年任FALINTIL副总参谋长，负责东帝汶全境的作战行动。1992年，古斯芒被捕后，达乌尔出任FALINTIL总参谋长。1998年3月11日，接任FALINTIL总司令的柯尼斯·杉达拉（Konis Santana）战死，达乌尔继任。2000年8月20日，古斯芒自FALINTIL退役，达乌尔正式成为FALINTIL总司令。2006年军人叛乱期间，达乌尔和内政部长罗杰里罗·拉巴铎（Rogerio Lobato）、国防部长洛克·罗德里格斯（Roque Rodrigues）被联合国独立调查委员会指控非法将武器分发给平民，导致危机升级。2009年达乌尔晋升少将，2011年9月1日退役。2012年大选当选东帝汶第三任总统。

② 马里·阿尔卡蒂里出生于帝力，阿拉伯后裔，1970年离开东帝汶赴安哥拉完成中等教育，回国后参与创建了FRETILIN，任政治事务部部长。1975年11月28日FRETILIN宣布建国后，阿尔卡蒂里被派出国进行高层外交工作。印尼入侵后，不能回国的阿尔卡蒂里在莫桑比克的马普托创建了FRETILIN海外代表总部。印尼占领期间，阿尔卡蒂里从安哥拉地理学校得到文凭，以特许测量师的身份在安哥拉和莫桑比克过着流亡生活。期间在莫桑比克爱德华多·蒙德莱恩大学（Eduardo Mondlane university）学习。1992年至1998年间，阿尔卡蒂里的身份是私人法律顾问。到2001年议会选举时，阿尔卡蒂里的身份是FRETILIN的总书记。2002年，东帝汶建国后阿尔卡蒂里出任首任总理。2006年大骚乱中，阿尔卡蒂里政府深处漩涡中央，最后阿尔卡蒂里宣布辞职。

2001年下半年东帝汶开始准备总统大选。9个党派提名古斯芒为总统候选人，但不包括FRETILIN，最后古斯芒以独立竞选人的身份参选。前FRETILIN领导人弗朗西斯科·夏瓦尔·阿玛拉尔是古斯芒唯一的竞选对手，他也不是FRETILIN推荐的候选人。2002年4月14日选举举行，古斯芒获得82.69%的选票，阿玛拉尔为17.31%，古斯芒轻松胜选，成为东帝汶开国总统。

2002年5月19日午夜，UNTAET根据联合国安理会1272（1999）号决议，正式向民选产生的东帝汶政府移交权力。仪式开始时，一队身着黑色T恤的FRETILIN老战士在掌声和欢呼声中走上前台，这是24年浴血抗争赢得的荣耀。在一队合唱队员《祖国》的歌声中，一面红色底、左侧镶嵌黄黑双色三角形并缀一颗象征光明与引导的白色五星的旗帜在政府广场中央的旗杆上徐徐升起，新世纪诞生的第一个国家——东帝汶民主共和国宣告成立。随后一串串礼花焰火在南太平洋的星空中尽情绽放，照亮了漆黑已久的首都帝力市。92个国家的代表和政要，包括美国总统比尔·克林顿、印尼总统梅加瓦蒂、澳大利亚总理约翰·霍华德（John Howard）、葡萄牙总统乔治·山姆帕伊奥（Torge Sampaio），齐聚帝力，庆祝世界上第192个国家的诞生。大约100 000人目睹了权力交接过程。数小时后，开国典礼举行，古斯芒宣誓就职东帝汶民主共和国第一任总统。9月27日，东帝汶正式加入联合国。

第七章　联合国与东帝汶

第一节　联合国支持东帝汶自决

1960年，联合国大会将"东帝汶及附属地"列入适用《联合国宪章》第十一章规定的非自治领土名单。第十一章——"关于非自治领土之宣言"要求管理这类领土的国家促进各领土居民的福祉，特别是"发展自治"，对各领土人民之"政治愿望，予以适当之注意"。但是，葡萄牙坚持东帝汶及被大会列入名单的其他由葡萄牙管理的领土为葡萄牙的海外省，葡萄牙不对这些领土承担《宪章》第十一章规定的义务。1974年，在一次政府更迭之后，葡萄牙承认《宪章》中有关非自治领土的规定的适用性，承认包括东帝汶在内的由它管理的殖民领土有自治、包括独立的权利。1975年8月，在东帝汶赞成独立的团体与赞成并入印尼的团体发生激烈冲突后，葡萄牙称无法控制局面，而不再管理该领土。12月，印尼出兵东帝汶，亲印尼的党派宣布成立"东帝汶临时省政府"。

1975年12月，联合国大会就印尼出兵东帝汶通过决议，要求印尼撤军，呼吁各国尊重东帝汶领土完整和支持东帝汶人民不可剥夺的自决权利。1975年至1982年，印尼派兵进入东帝汶期间，联合国大会及安理会均通过决议反对印尼对东帝汶的统治。1982年，联大以50票赞成、50票弃权、46票反对，通过了支持东帝汶人民自决的决议，并请联合国秘书长着手与所有各方磋商，以实现问题的全面解决。1983年，联合国秘书长开始了与印尼和葡萄牙的三方会谈系列的第一轮会谈，还开始与帝汶人的代表进行磋商，并向大会通报有关情况。1995年，联合国秘书长发起了一个促进东帝汶人之间对话的进程，以便为持各种不同政见的东帝汶人提供一个论坛，共同探讨如何改善现状。在奥地利政府的支助下，被称为"东帝汶人民所有党派间的对话"的第一轮会谈在奥地利举行。联合国秘书长与印尼和葡萄牙举行的三方会谈审议了上述会谈提出的建议。1995年至1998年，东帝汶人民所有党派间的对话每年都召开会议。

1998年，联合国人权委员会审议了该领土的人权状况。4月，该委员会主席发表了一项声明，称委员会仍对有关侵犯人权情况的报道深感关注，但同时对一些积极的事态发展表示欢迎，包括印尼政府在有关东帝汶人权状况的问题上继续给予配合。6月，印尼总统B.J.哈比比提议让东帝汶自治，但条件是东帝汶同意并入印度尼西亚。该提议遭到东帝汶抵抗力量领导人的拒绝。8月，联合国秘书长与印尼和葡萄牙外长在纽约进行了会谈，一致同意深入讨论印尼提出的关于东帝汶在享有广泛自治的基础上拥有特殊地位的建议。两国外长同意让东帝汶人更深入地参与，以寻求问题的解决，并注意到积极的事态发展。他们特别提到印尼政府有意逐步减少其在东帝汶的军事存在，加快释放东帝汶政治犯。10月，联合国向各方提交了一份建议，作为东帝汶自行管理——以实现永久自治或过渡性自治——的蓝图。在随后的举行会谈中，通过与东帝汶领导人协商，进一步完善和充实了该建议。11月，东帝汶某些地区紧张局势不断加剧、平民伤亡人数越来越多，安南秘书长其后发表了一项声明，再次强调必须在该领土实现稳定与和平。他呼吁所有各方停止军事行动，尊重手无寸铁的平民百姓的人身安全与保障。安南秘书长和他的主管东帝汶问题的个人代表詹姆希德·马克大使与所有各方保持接触；秘书处继续努力查清暴力事件真相。

20世纪90年代后期，印尼逐步放宽对东帝汶的控制。1999年1月27日，哈比比总统在一项公开声明中表示，他的政府愿意考虑让东帝汶独立。2月8日，安南秘书长的个人代表詹姆希德·马克与印尼和葡萄牙外交部的总干事在纽约进行了几天的会谈之后，就关于自治提议的一系列主要问题达成了谅解。总干事还需要与两国政府进行进一步的磋商。2月11日，安南秘书长对将东帝汶人领导人萨纳纳·古斯芒从监狱转移到家里软禁，表示欢迎。秘书长的发言人说，希望古斯芒的转移将能使他积极参加关于东帝汶前途的讨论。3月11日，在纽约举行的部长级三方会谈上达成了协议，即采用直接投票的方式征求东帝汶人民的意见，看他们是接受还是拒绝关于自治的提议。在与印尼和葡萄牙外长联合举行的新闻发布会上，秘书长表示所有各方仍对东帝汶的局势感到担忧，但是他欢迎为促进东帝汶人之间的对话与和解而采取的积极步骤。4月8日，获悉东帝汶利基萨市杀人事件的报道后，安南秘书长和他的个人代表与印尼和葡萄牙的高层官员进行了接触。联合国建议进行不偏袒任何一方的调查，查明杀人事件真相。联合国发言人说，印尼对此建议作出了积极的反应。4月21日，秘书长安南对签署了由印尼全国人权委员会发起的一项协定表示欢迎，东帝汶所有各方——包括武装部队以及赞成合并和赞成独立的团体——都在协定中承诺在该领土上终止暴力行为。该协定建立了一个东帝汶和平与稳定委员会，由独立派及合并派的团体、地方当局、地方警察局和印尼军队的代表组成。4月23日，纽约部长级三方会谈达成了一项解决东帝汶问题的协定。根据协定，将通过全民协商决定是接受还是拒绝关于在不脱离印尼的情况下实现自治的提议。为了给印尼外交部长争取雅加达政府当局的最后批准留出时间，将签署协定的时间定在5月5日。安南秘书长在与印尼和葡萄牙外长联合举行的新闻发布会上说，他对印尼政府重申将有效地履行维护法律和秩序及保护平民的职责表示欢迎。他还强调所有在本周签署了这项成立东帝汶和平与稳定委员会的协定的各方都有责任终止暴力行为，立即履行其义务。印尼外交部长阿里·阿拉塔斯说，印尼"将切实担负起责任，确保东帝汶创造出现有利的局面"，促进协定的实施。他还说，印尼军方和警方"决心担负起责任，维护东帝汶的法律和秩序，实现和平与安宁"。

5月4日，安南秘书长派评估小组前往东帝汶，评估当地的政治和安全状况，并就帝力及其他地区可供联合国特派团使用的设施与印尼当局进行讨论。收集这方面的情况是为了使秘书处能够为全民协商制定一份详尽的行动计划。5月5日，在纽约签署了《5月5日协定》，该协定包括一份主要协定和两份补充协定，分别涉及关于和平实施全民协商的治安安排和进行协商的具体方法。安南秘书长强调说，秘书处决心确保全民协商"是自由的、公平的和深入的"。他指出，根据协定，"东帝汶的治安由印尼政府负责"，他对哈比比总统保证他的政府将有效地履行其维护法律和秩序及保护所有公民的责任表示欢迎。但是，秘书长对最近东帝汶暴力行为增多深表关注，敦促"东帝汶所有各方和政治派别与联合国合作，切免诉诸武力"。5月7日，安全理事会通过了第1236（1999）号决议，对《5月5日协定》表示欢迎。该决议强调了印度尼西亚政府对确保派驻东帝汶的国际职员和观察员的安全和保障及维护该领土和平与安全应负的责任。5月25日，大会核准了3 500万美元，作为联合国东帝汶特派团（东帝汶特派团）的初始经费。

6月1日，新任命的秘书长特别代表伊恩·马丁（Ian Martin）在抵达帝力机场时申明联合国在东帝汶的作用是确保东帝汶人民在公平的宣传活动后以秘密投票的方式决定自己的未来。他强调说，联合国"对东帝汶人民将作出的抉择完全持中立态度"，联合国既不支持关于在不脱离印尼的情况下实行自治的建议，也不支持否决这一建议。他补充说，"停止一切暴力行为对公平的宣传活动和投票来说是至关重要的"，呼吁立即停止暴力行为和恐吓行为。6月11日，安全理事会正式成立了联合国东帝汶特派团（东帝汶特派团），任务期到8月底。安理会一致通过的第1246（1999）号决议核准了秘书长关于成立一个特派团的建议。该特派团将包括最多不超过280人的民事警官，负责向印尼警方提供咨询意见；还包括50名军事联络官，负责与印尼武装力量保持接触。安理会再次强调，印尼政府有责任维持东帝汶的和平与安全，确保投票没有舞弊现象，并确保国际职员和观察员的安全。6月14日，东帝汶特派团警务专员阿伦·米尔斯抵达帝力。特派团发起了的公众宣传活动，向东帝汶人民解释有关进程及全民协商涉及的各种问题。在投票前，东帝汶特派团将制作并分发用四种语文编写的70多万份选民教育材料，还有供向东帝汶人民播放的广播节目、录像带和录音带。6月16日，安全理事会在一份向新闻界发表的声明中呼吁东帝汶各派使事关该领土前途的投票能够在没有恐吓及暴力行为的情况下顺利进行。安理会成员在声明中指出，在东帝汶创造一个安全的环境，是印尼政府的责任。安理会对印尼为确保选票的安全而采取的措施表示赞赏，但关切地指出，要进行可信的、公平的协商，尚有许多工作要做。秘书长还通过录像向东帝汶人民发表的讲话中敦促所有各方采取克制和容忍的态度，并呼吁停止暴力行为。他强调说，联合国将以完全中立的方式来主持协商，将由一个独立的选举委员会监督联合国特派团的选举活动。6月17日，秘书长向大会提交了东帝汶特派团的订正预算，总额达5 250万美元。特派团需要4 000名国际及当地雇员，其中包括50名军事联络官、最多不超过280人的以及400名联合国志愿者。这笔经费是他们的费用。6月18日，秘书长特别代表马丁在于帝力举行的一次新闻发布会上说，由于暴力行为仍在继续，成千上万的东帝汶人被迫逃离家园，给事关东帝汶前途的投票的筹备工作造成了"严重障碍"。他还对越来越多的证据表明赞成自治的团体的宣传活动获得公共资金并得到公职人员的支持表示关切。已向与联合国特派团一道工作的印尼特别工作组表达了这一关切。就积极方面而言，马丁说，确有迹象表明印尼和平与稳定委员会主持的独立派和自治派领导之间的和解会谈取得了进展。6月21日，第一批联合国特遣队人员抵达帝力。这41名警务观察员是280人中的第一批。他们将根据《5月5日协定》向印尼警方提供咨询意见。6月23日，鉴于暴力行为毫无收敛，且存在后勤方面的问题，安南秘书长决定将东帝汶的投票推后两周。秘书长在向安全理事会报告时说，由于安全状况欠佳，不存在公平竞争的条件，无法开始协商进程。登记时间推迟到7月13日，为在全领土部署联合国工作人员以及为印尼当局解决安全方面的问题留出足够的时间。

6月24日，秘书长个人代表马克抵达帝力，先与印尼高级领导人讨论了该领土的暴力行为问题，其后会见了安全官员和联合国人员。宣布了关于雷扎库尔·海德尔准将担任东帝汶特派团的首席军事联络官的任命。6月30日，在6月底至7月初的几天里，发生了民兵袭击东帝汶特派团的马利亚纳区域办事处和袭击由东帝汶特派团人道主义事务官员及联合国难民事务高级专员（难民专员）的地方代表护送的人道主义车队的严重事件，维奎奎的东帝汶特派团工作人员亦受到威胁。秘书长特别代表马丁和秘书长个人代表马克就此向帝力和雅加达的印尼当局进行了交涉。当局对上述事件表示遗憾，并保证为东帝汶特派团提供帮助。

7月2日，秘书长个人代表马克说，尽管发生了上述攻击事件，但他依然保持乐观，认为安全状况会得到改善，而能够进行投票。他在悉尼的一次新闻发布会上说，印尼当局保证为东帝汶增派保安人员，并保证局势会因军方不再控制警方而得到改善，他对此表示满意。

7月6日，在发生袭击联合国人员的事件后，安全理事会成员要求东帝汶的民兵立即停止暴力行为和恐吓行为。安理会主席哈斯米·阿甘（马来西亚）在一份向新闻界发表的声明中再次强调印尼有责任维持东帝汶的和平与安全。安理会呼吁印尼当局调查此事，将最近袭击东帝汶特派团人员的人绳之以法。7月8日，联合国人权事务高级专员玛丽·鲁滨逊说，她对最近在东帝汶发生的武装民兵袭击联合国人员事件及暴力行为对东帝汶人决定自己前途的权利产生的不利影响深感忧虑。鲁滨逊女士说，印尼当局必须兑现他们的承诺，查清袭击事件，将肇事者绳之以法。7月12日，为了使印尼政府有足够的时间解决尚存的一些安全问题，安南秘书长将开始选民登记的日期推后了三天。秘书长在其给安全理事会的一封信中说，在把开始登记的日期改为7月16日时，尽管他决心按原定日期开始登记，但他必须考虑到实地的情况。"至关重要的是必须采取步骤，确保东帝汶人民能够安全和不受恐吓地参与全民协商"。秘书长指出，尽管首都帝力的情况有所改善，但是，就整个东帝汶而言，特别是西部各区，安全形势依然"严峻"。他强调说，他相信印尼当局有能力迅速地采取切实有效的步骤，以便协商进程能够进入实施阶段。与此同时，在东帝汶，秘书长派驻东帝汶的代表就即将进行的投票与印尼高级官员进行了会晤。印尼外长阿拉塔斯告诉东帝汶特派团官员，印尼当局正在对一些据指控参与最近在马利亚纳和利基萨发生的事件的人员进行调查，并将采取行动防止非法设置路障。7月16日，选民登记工作开始。据东帝汶特派团发言人称，前来登记的人很多，尽管由于前一天当地人与民兵发生冲突而关闭了四个登记点。印尼警方正在调查这一事件。安全理事会在一份向新闻界发表的声明中表示完全支持安南秘书长关于开始登记的决定。该声明还强调，安理会认为印尼政府有责任维持东帝汶安全，并对印尼高级别内阁成员前往帝力访问及印尼政府重申关于充分实施东帝汶问题协定的承诺表示欢迎。在纽约的联合国总部，印尼和葡萄牙的高级官员结束了关于安全、和平与和解努力及投票后问题的讨论。7月21日，秘书长向安理会报告说，东帝汶的选民登记正在相对和平的气氛中进行。没有再接到关于联合国工作人员受到袭击或威胁的报告。秘书长认为，印尼当局为确保安全作出了认真的努力，促成了上述积极发展趋势，不过，他还指出，武装平民团伙仍然威胁着安全。他说，另一个关注是，数千名东帝汶人被迫移居他地，或因遭到恐吓而逃离家园。东帝汶特派团正在拟定计划，帮助这些人参加投票。7月27日，东帝汶特派团报告说，在登记开始后的10天内，共有239 893名东帝汶人前来登记。尽管安全方面仍有问题，安南秘书长告诉安全理事会，登记工作将继续进行。秘书长说，总体来说，东帝汶的安全状况"还是不够"，尽管有一些改善的迹象。改善的部分原因是印尼加强了与东帝汶特派团合作。他说，尽管继续受到恐吓，东帝汶人民对参加全民协商显示出"值得称赞的决心"。他还说，他决定继续进行选民登记是因为"有一项谅解，即印尼当局将与东帝汶特派团合作，使安全状况得到进一步必要的改善，并紧急解决领土内流离失所问题"。7月28日，经与印尼和葡萄牙磋商后，秘书长科菲·安南决定关于东帝汶前途的投票再次改期，改为8月30日。

8月9日，东帝汶自治建议的支持者与反对者签署了一项《行为守则》，用于8月30日投票前这段时间内的宣传活动。秘书长特别代表伊恩·马丁指出，该《守则》规定双方可在不受干扰或阻碍的情况下自由地进行宣传活动，并使宣传者保证不使用煽动性或诽谤性语言。东帝汶自治联合阵线和帝汶抵抗运动全国委员会签署了这份文件，签字时在场的有贝罗大主教、塔尔米齐大使、负责与东帝汶特派团联络的印尼特别工作组主席以及葡萄牙和印尼观察员代表团团长。东帝汶特派团报告说，在东帝汶领土内外登记选民的共有446 000多人。

8月10日，安南秘书长提议，对东帝汶特派团的结构进行调整，以适应从全民协商结束到把投票结果付诸实施这一过渡时期的需要。在给安全理事会的报告中，秘书长说，不论自治问题投票结果如何，联合国都应为在该领土建立信任和支持稳定而"加倍"努力，并"使所有群体，尤其是投票结果居于少数的群体相信，他们在东帝汶未来的政治生活中可以发挥作用"。8月17日，在纽约，联合国政治事务部选举司司长卡里纳·佩里利在新闻发布会上说，在东帝汶领土内外登记参加投票的选民共有451 792名。她说，最后的数字不仅远远超出联合国的预测，而且也超出大多数东帝汶问题观察员的预测。她还指出，商定了一套行为守则，对迄今为止正式认可的1371名国际及当地观察员的活动作出规定。还将有50名印度尼西亚官方观察员和50名葡萄牙官方观察员监测投票。8月25日，联合国加紧投票的筹备工作。增派了50名联合国志愿者作为监票员，使投票日的联合国志愿者，包括医务人员——人数达到460人。计划在200个投票中心设立850个投票站，东帝汶特派团将雇用3 000多名当地人协助投票活动。东帝汶特派团宣布，另外认可了1 600多名独立观察员。鉴于暴力行为和恐吓活动愈演愈烈，东帝汶特派团的部门向印尼警方提出，需要进一步采取安全措施。印尼警方保证，他们将增派人员，在某些路段巡逻，以确保选民行动自由。8月26日，自治建议的反对者与支持者在帝力发生了激烈冲突。秘书长和安全理事会成员要求印尼当局控制东帝汶的安全局势。秘书长还表示，联合国决心履行它对东帝汶人民的责任，绝不会因为"目无法纪份子"的威胁和恐吓而退缩。安理会主席告诉记者说，安理会成员"坚决支持"秘书长关于举行投票的意向。秘书长特别代表马丁在新闻发布会上说，尽管最近在帝力发生了造成伤亡的暴力事件，联合国准备举行投票。在纽约，印尼驻纽约代表在安理会会议上保证，印尼将根据《5月5日协定》的要求，确保局势安全。安全理事会将东帝汶特派团的任务期限延至11月30日。安理会一致投票通过第126（1999）号决议，核准秘书长关于调整联合国东帝汶特派团的结构以适应8月30日投票后的过渡阶段的建议。安理会主席马丁·安贾巴（纳米比亚）强调东帝汶人民现在有一个可决定自己前途的难得机会。他说，"不论协商结果如何，安全理事会成员恳望东帝汶人民尊重这一决定，齐心协力，建设一个和平、繁荣的未来"。8月30日，东帝汶特派团宣布，至少95%的登记选民参加了全民协商投票；总人数超过430 000人。投票过程总的来说是平和的，尽管有几个投票站因发生了一些情况不得不暂时关闭，关闭时间从半小时到三小时不等。各投票站关闭后，在天快黑时，联合国的一位当地雇员被人用匕首刺死，破坏了投票进程。安南秘书长认为投票表达了东帝汶人民"对自己的未来的意愿"。他呼吁东帝汶所有团体在投票之后的期间表现出最大限度的克制和耐心。8月31日，东帝汶协商委员会成员举行了首次会议。委员会的构成情况如下：独立派和合并派各10名，联合国秘书长任命的成员5名。

9月3日，安南秘书长在纽约宣布了投票结果，全东帝汶登记参加投票的选民总数为451 792人。对实行特别自治的建议投赞成票的有94 388人，占东帝汶人的21.5%；投反对票的有344 580人，占78.5%。随后东帝汶派别之间冲突不断，发生严重的烧杀抢掠事件，局势失去控制。联合国特派团被迫撤出，后又有20多万难民逃至西帝汶。东帝汶暴力骚乱引发国际社会的干预，安南秘书长要求印尼同意派多国维和部队到东帝汶。美国总统克林顿9月10日表态，谴责东帝汶极端恶劣的暴力行为，指出印尼军方帮助暴力行动，要求印尼允许联合国派维和部队。美国还中止与印尼军事联系，包括联合军事演习，武器供应等。世界银行和国际货币基金组织表示要暂停对印尼的经济援助。澳大利亚举行军事演习，准备派4500人维和部队并担任多国维和部队指挥官。在国际社会强大压力下，印尼军方屈服了。9月12日，印尼宣布接受由联合国发起的国际维和部队同印尼军队合作参与恢复东帝汶安全和秩序的工作。联合国秘书长安南发表声明，对印尼政府这个决定表示欢迎。9月15日，联合国安理会通过决议，决定向东帝汶派驻多国维和部队。9月27日，印尼驻东帝汶部队在东帝汶首府帝力将东帝汶治安控制权移交给多国维和部队司令彼得·科斯格罗夫少将，这标志着多国维和部队已经全面接管东帝汶的治安事务。10月20日，印尼人民协商会议批准东帝汶要求独立的公决结果。10月30日，最后一批印尼军警乘坐两艘军舰离开帝力，标志着印尼正式结束对东帝汶长达24年的统治。

第二节　印尼被迫放弃东帝汶

自1976年印尼吞并东帝汶，东帝汶一直处于印尼统治之下，国际社会没有给予东帝汶足够关注，但哈比比上台之后，印尼迅速改变了对东帝汶的政策，并最终促成了东帝汶的独立。印尼政府之所以改弦易辙，是有深层原因的：

第一，根本原因是东帝汶人民始终未放弃争取独立的斗争。由于历史造成的民族仇恨、宗教差异等原因，印尼武力兼并东帝汶后，未能实现民族和解，也没有给东帝汶带来和平与发展。为了确保在东帝汶地区的统治，印尼曾派遣大量军队驻扎东帝汶，并扶植印尼人或亲印尼的当地人担任东帝汶的省、市、县的各级官员，同时利用东帝汶历史遗留下来的部族分裂以及政治分歧，使帝汶人反对帝汶人，以维护印尼的统治。对于东帝汶的独立运动，印尼政府则多次派重兵前往镇压，致使该地区流血冲突不断。据统计，在印尼统治的20多年中，东帝汶有20多万人死于战争和饥荒，占东帝汶人口的1/4。①面对印尼的统治，东帝汶各种政治力量一直坚持斗争。1976年后东帝汶独立革命阵线转入山区，继续坚持游击战争。争取民主的和平示威者多年来坚持抗议示威运动，其中1991年11月帝力的和平示威者遭到军方的镇压，被打死100多人，引起世界的震惊。此外，以若泽·拉莫斯·奥尔塔和罗骊天主教主教卡洛斯·希内斯·贝洛为代表的争取独立的人士，利用国际舞台宣传东帝汶人民的独立要求，争取国际社会的支持，二人还因此于1996年被授予诺贝尔和平奖。

第二，直接原因是印尼国内状况的变化。1997年东南亚金融危机和苏哈托总统的下台，给印尼的政治、经济、社会等方面带来强烈的冲击。政治上，几十年来苏哈托政权信奉"多样化统一"（Unity in diversity）的原则，认为"自治"会导致分裂。他坚持对外岛实行严格控制，由中央政府指派地方官员，对地方经济实行严格控制，要求地方政府大部分的税收上缴中央。②但是在这种高度中央集权统治下，东帝汶、亚齐、伊里安查亚等地区的分离主义活动并没有平息。当苏哈托总统下台，留下的是濒临破产的国民经济和软弱的政府，各地的分离主义活动借机更加频繁。哈比比总统上台后，面对这种情况，声称要在印尼人民之间建立相互信赖，这是21世纪的景象，它不是一种军事政策，而是一种经济政策。③他计划给予地方政府更多的自主权。正是在这种大的国内环境下，哈比比政府于1998年6月首次提出让东帝汶享有广泛的自治权，可以说这也是哈比比政府民主改革的一部分。从经济方面看，东帝汶是印尼沉重的包袱。长期以来，东帝汶经济非常落后，财政支出大部分由印尼政府负担，加上军事费用，每年花费2000多万美元（另有报道称每年花费1亿美元以上），是印尼中央政府向地方投入最多

---

① 吴迎春："东帝汶不想再流血"，《环球时报》，1999年9月3日。

② John McBeth and Marget Co hen，"Loosening the Bonds"，*Far Eastern Economic*. January 21, 1999 .p .10 .

③ John McBeth and Marget Co hen，"Loosening the Bonds"，*Far Eastern Economic*. January 21, 1999 .p .10 .

的省份。① 而东帝汶资源贫困，对印尼经济基本无所补益。在印尼处于金融危机的困境中，东帝汶已经成为中央政府的一个包袱。实际上东帝汶犹如印尼吞到肚里消化不了的一块硬骨头，给印尼造成难以忍受的巨大痛苦。

第三，重要原因是国际社会的压力。20多年来，印尼对东帝汶的兼并，遭到国际的谴责。多年来，国际社会对于印尼政府在东帝汶践踏人权的记录深表关注。作为唯一承认印尼吞并东帝汶的国家，澳大利亚于1999年1月突然宣布了它在政策上的重大改变，宣称将支持东帝汶实现独立的愿望，这使印尼在国际社会中处于更加孤立和被动的境地。另一方面，美国也从经济援助、贷款甚至军事方面对印尼施压。美国这个世界上唯一的超级大国态度的转变，对于印尼来说压力是十分巨大的。在这种情况下，印尼政府终于决定以争取国际经济援助、克服国内经济危机为主要目标，卸下东帝汶这个包袱。哈比比总统说："当我们国内存在这么多问题的时候，我们为什么还要去面对这么多国际问题呢？为什么要遭受这么多的折磨呢？我们为什么需要东帝汶，我们为什么不能让它脱离？"②

第四，哈比比个人因素的影响。哈比比上台后，人们对他还不够信任，认为哈比比是苏哈托的傀儡，哈比比政府只是一个过渡政府。当时的一些实际状况也似乎佐证了人们的这种看法。哈比比的内阁"包括16名曾为苏哈托效力的部长，印尼国防部长兼武装部队总司令的位置仍旧被维兰托将军占据。尽管哈比比将一些政府评论家替换成自己的人，但是印尼人民协商会议和印尼国会的大部分成员都没有变动"。哈比比的个人背景也加剧了人们对他的不信任。几乎没有印尼人不熟悉哈比比的经历：他如何在孩提时就遇见了苏哈托，当时这位年轻的指挥官驻屯在苏拉威西岛南部与哈比比家对面的一条街上；在被苏哈托召回，发展本国的航空事业之前他如何得到不断提升；在担任部长的20年间，他如何在奢侈地推动印尼向高科技未来发展过程中积蓄权力和财富——据估计达6000万美元。由于以上一些因素的存在，使得哈比比上台后就要努力地进行政治经济改革，通过以改革者的姿态出现，来消除人们的疑虑和指责。东帝汶问题，长期以来成为印尼外交上的一个薄弱点，苏哈托政府虽极力控制东帝汶，但也因为该问题使得印尼的国际声誉受到很大损害。印尼国内的许多民众也在呼吁尊重东帝汶人的人权，给予东帝汶人民自决权。哈比比改变对东帝汶政策，既是迫于方方面面的压

① Jose Manuel Teso ro，"Alegacy of Bitter"，*Asiaweek*，August 7，1998．

② 张洁：《荆棘与鲜血之路通向何方？》，《东南亚研究》1999年第6期，第24页。

力，也是为了摆脱这个沉重的包袱，在国际和国内争得更多的支持，增加自己的政治砝码。

综上所述，为摆脱国内外压力，争取西方经援，解决当时最迫切的经济危机问题，稳定政局，争取连任，哈比比遂决定将东帝汶纳入其"民主化"进程，决定对东帝汶实行全民公决。实际上，是印尼"以退为进"的一个策略。印尼政府尤其是军方并不甘心放弃付出巨大代价占领了的东帝汶。印尼军方根据事前进行的民意调查，错误认为大多数东帝汶人民将选择在印尼统治下的自治，而不是独立。因此哈比比政府似乎认为，实行公决，既可使其占领合法化，名正言顺地使东帝汶继续留在印尼版图内，又可避免国际上的巨大压力，改变孤立处境和取得印尼经济复苏急需的西方经援。但是公决结果，完全出乎印尼当局预料之外，使哈比比在国内威信大减，并失去作为专业集团党总统候选人的资格。

第三节　联合国托管时期

东帝汶地区的动荡不安，直接来自于当地独立派与亲印尼派的冲突。经过印尼20多年的统治，东帝汶的政党和群众分为两派。一方是独立派，其代表人物有东帝汶独立革命阵线领导人夏纳纳·古斯芒 [1]、争取东帝汶独立的国际特使若泽·拉莫斯·奥尔塔[2]和帝力的罗马天主教主卡洛斯·希内斯·贝洛[3]，他们的基本

---

[1] 夏纳纳·古斯芒，1946年6月20日生于东帝汶的马纳图托。他在达雷接受完初、中级教育后，到首府帝力参加工作，当过测量员、教员和"帝汶之声"的记者。1974年加入东帝汶独立革命阵线，1975年任阵线宣传部副主任。1978年12月东帝汶独立革命阵线领导人洛巴托去世后，他成为阵线实际上的领导人。1981年3月主持召开了东帝汶独立革命阵线第一次会议，并在会上被选举为阵线领导人和东帝汶全国解放武装力量总司令。1992年11月，被印尼军队逮捕，并在次年被判终身监禁，后改判为有期徒刑20年。1999年2月，印尼政府在国际社会的压力下被迫对古斯芒改为软禁。同年9月7日他被哈比比总统特赦，并成为帝汶抵抗全国委员会主席，2000年8月辞职。2002年2月古斯芒宣布参加东帝汶首任总统选举。5月20日正式就任东帝汶独立后的第一任总统。

[2] 参见前文第13页注释①。

[3] 卡洛斯·希内斯·贝洛，1948年2月3日生于东帝汶的瓦拉卡马村。他童年在包考和奥苏的天主教学校度过，1968年毕业于达雷初级神学院。1969年至1981年，他在葡萄牙和意大利的罗马学习哲学和神学，后成为一名神甫。1981年返回东帝汶，先在法图马卡学院当教师，后任院长。1983年被梵蒂冈任命为帝力教区教徒主管，直接对教皇负责，1986年被任命为大主教。东帝汶天主教作为印尼进占东帝汶期间惟一与外界沟通的渠道，向外界通报信息，与国际社会建立起广泛联系，在和平解决东帝汶问题的进程中发挥着不可替代的作用。1996年10月，贝洛大主教与霍塔同获诺贝尔和平奖。

主张是脱离印尼、争取民族独立，经过联合国的临时管辖后建立自己的国家。另一方是印尼在东帝汶多年培养起来的亲印尼势力，其代表人物有武装派别司令古铁雷斯等，他们坚持东帝汶必须留在印尼。古铁雷斯甚至提出将东帝汶一分为二，独立派和反对派各据一方。自从哈比比总统提出给予东帝汶广泛自治以来，两派就开始剑拔弩张，冲突不断，并表示坚决反对，甚至扬言不惜以武力相向。

另一方面，印尼的军方自1975年底出兵东帝汶以来，在长期的统治过程中付出了巨大的代价。它在东帝汶投入了大量的人力、物力，很多士兵因为东帝汶抵抗力量的抵抗而在东帝汶丧生。印尼军办为了纪念这些在东帝汶阵亡的上兵，还在雅加达郊区的军队总部建立了一座纪念碑。印尼军方不愿因为哈比比的决定就轻易放弃东帝汶，让东帝汶选择发展道路。但是印尼军方在当时的国际背景中已经无法再进行赤裸裸的武装镇压，因此它动用了训练已久的民兵，通过这些民兵来制造骚乱和恐慌。1999年9月3日全民投票的结果刚刚公布，东帝汶的局势便迅速恶化，在短短的几天内，就已有400多名独立人士被杀。有近一半的东帝汶人逃亡，或逃往西帝汶，或逃往山里。从主要城市到边远城镇，再到乡村，基础设施、建筑物遭到大面积破坏。有70%~80%的建筑物遭到破坏，商业部门停止运作，几个月内没有一个行之有效的政府管理，农业也遭到破坏。据粗略评估，1999年的GDP下降了25%~30%。"

面对这些暴力事件，国际社会发出了一致的声音。暴乱发生后，葡萄牙和澳大利亚进行公开谴责，并呼吁美国发挥更大的作用，尽快介入东帝汶问题，对印尼进行政治和经济施压。"为了推动美国对印尼施压，澳大利亚和葡萄牙首先对华盛顿进行外交施压"，澳大利亚强调美澳同盟关系的存在，葡萄牙首相则威胁美国，"如果美国不支持澳大利亚、葡萄牙在东帝汶建立维和部队的政治努力，葡萄牙将撤出北约驻科索沃的维和部队。"[1] 1999年9月12日，在美、日、韩三国峰会上，三国共同表达了对东帝汶问题的严重关注，希望该问题能够得到积极解决。并宣称印尼如果无法解决该问题，国际社会将会介入。希望印尼能与联合国和其他国家合作。[2]1999年9月13日，欧盟强行执行为期四个月的对印尼的武器

---

[1] Paulo Gorjao, "The End of Cycle: Australian and Portugese Foreign Policies and the Fate of East Timor", *Contemporary Southeast Asia*, Vol. 23, lss, 1, Apr, 2003, P.116.

[2] Paulo Gorjao, "Japan's Foreign Policy and East Timor, 1975-2002", *Asian Survey*, Vol, 42, NO.5, Spe.-Oct, 2002, P.763.

禁运。美国出于盟国的压力，同时也出于自身的考虑，为了扩张自己在亚太地区的势力和影响，后来又进一步对印尼进行施压。美国宣称，如果印尼不邀请国际维和部队在联合国的管理下进驻东帝汶，美国将停止对印尼的任何军事援助，并将阻止未来所有的对印尼的经济援助。

由于各方的努力，印尼被迫同意国际社会的要求，与联合国等进行合作。1999年9月20日，以澳大利亚为首的由14个国家的8000名士兵组成的多国部队进驻东帝汶。联合国安理会通过了1272号决议，决定成立联合国东帝汶过渡行政当局（UNTAET）。10月25日，联合国东帝汶过渡行政当局正式成立，全面接管东帝汶事务，这是联合国自建立以来第一次在某一地区进行全方位管理，东帝汶进入了联合国管理时期。

面对着东帝汶的混乱局势，在大国的共同支持下，联合国担负起了管理的重任。联合国东帝汶过渡行政当局将自己在东帝汶的作用确定为：（1）提供安全，保障法律秩序。（2）建立有效的管理系统。（3）保证社会服务和社会发展。（4）保证人道主义援助的畅通，恢复并增加援助。（5）促成自治政府的建立。

联合国在统治之初，为了便于迅速接管东帝汶事务，保留了印尼的统治体系，仍旧将东帝汶划分为13个行政区，将这些行政区和社会最底层联系起来的是联合国派驻东帝汶的行政区官员，他们与当地的次行政区官员协商并合作管理。联合国派驻的官员在东帝汶位高权重，但他们都是西方文化背景，不熟悉当地的文化。在经过一年多的运转之后，联合国的管理系统进一步扩展到次行政区层次，与东帝汶已经存在的一套管理系统发生了冲突。

在联合国东帝汶过渡行政当局进驻东帝汶之前，东帝汶的许多次行政区领导人已经由东帝汶抵抗运动民族委员会（CNRT）[①]通过和东帝汶民族解放军（Falintil）协商后任命。这些被任命的领导人一方面血统高贵、纯正，与当地的民众大多属于同一部族；另一方面在抵抗运动中做出了贡献，并有实际的工作能力。这些领导人受到了其辖区内东帝汶人民的爱戴。但是当联合国管理系统扩展到次行政区时，大量以前由东帝汶抵抗运动民族委员会任命的人员被解雇。联合国的用人标准是受教育程度和工作经验。这些能力被认为是最符合接受管理职位的标准，但是这个标准与东帝汶传统的价值观却不适应。东帝汶遗留下来的部族

---

① 1998年4月，东帝汶第一次国外散居者民族大会在葡萄牙召开，200余名东帝汶代表参加，共同选举古斯芒为主席，并将毛贝人抵抗运动民族委员会（CNRM）更名为东帝汶抵抗运动民族委员会（CNRT）。

传统，强调血缘，同时老人更有权威，更加受到尊重。但是按照联合国确立的标准选拔出的领导人没有基于血统的考虑，还过于年轻，因为受过西式教育的多是年轻人。并且这些领导人多来源于其他地区，与辖区内民众缺少渊源联系。联合国的这种做法，引起了东帝汶人的不满，使联合国的管理系统没能进一步向下发展，东帝汶抵抗运动民族委员会还在实际控制着乡、村。联合国在具体行政中，还很少让东帝汶人参与实际的管理，虽然在其确定的目标中有促成自治政府的建立的一条，但是并没有得到实际的贯彻。

随着联合国的到来，国际非政府组织也积极向东帝汶伸出援手，帮助东帝汶在1999年暴乱破坏的基础上重建。东帝汶本土的非政府组织一直发展缓慢，直到印尼开放东帝汶，东帝汶非政府组织和国际非政府组织的联系才得到加强。国际非政府组织长期以来一直在舆论上关注东帝汶的人权状况，在国际社会批判印尼，为东帝汶创造了较为有利的国际环境，同时国际非政府组织也积极深入东帝汶本土。最先进入东帝汶的非政府组织主要关注人权问题、卫生设施问题、饮水问题等，在联合国接管东帝汶以后，国际非政府组织借助联合国的平台，更加积极地参与到东帝汶的事务中来，关注的方面也更加广泛，农业问题、教育资源问题、妇女儿童权益问题、健康问题都成为了他们的关注对象。

但是国际非政府组织进入东帝汶以后，同联合国东帝汶过渡行政当局犯了同样的错误，即以他们的价值观来行事。以至于引起了东帝汶本土非政府组织的批判，"来自本土非政府组织的最尖锐的批评是将国际援助看成是一种新殖民形式，强迫本土人民接受一些价值观念和不适当的解决问题方式。"①

面对着联合国和国际非政府组织等忽视东帝汶本土情况的管理，古斯芒等东帝汶领导人进行了批判，希望联合国能够早日将实际管理权交还给东帝汶人民。联合国本来确定在东帝汶的托管期限为32个月，曾有很多国家、组织建议联合国延长托管期限，但现在面临着批评指责，联合国决定在2001年8月30日东帝汶在联合国东帝汶过渡行政当局主持下进行大选，成立立宪会议，制定宪法，促成还政于东帝汶。

面对着真正的黎明曙光，东帝汶各个党派基于利益的权衡再度出现。革阵这个如今东帝汶最火、最有声望的党派，已于2000年8月宣布退出东帝汶抵抗运动

① Lan Patrick, "East Timor Emerging from Conflict: The Role of Local NGOS and International Assistance", *Disasters*, Vol. 25, ISS, 1, 2001, P.57.

民族委员会。2001年7月，东帝汶抵抗运动民族委员会彻底解散。东帝汶抵抗运动民族委员会的解散，造成了一定程度上的混乱。许多原本由委员会任命的官员失去了职位或者面临着许多难题。革阵因为早已退出，现在它开始争夺各地区的统治权。革阵成员开始陆续在许多地区成员中成为了乡村的领导人。

此外，为了大选，一些新的党派也迅速建立起来，在大选前共组成了16个党派。革阵的最初创立者，沙维尔·达·阿莫尔创建了自己的政党，"帝汶社会民主联盟"（ASDT），依靠着旧时革阵的革命旗帜在乡村地区获取支持者。另一位革阵早期领导人开始领导"帝汶民主主义者政党（PNT）。社会民主党（PSD）成立于2000年9月20日，主张将东帝汶建为多党民主、政教分离的法治国家，主张东帝汶独立后优先加入东盟和葡语国家共同体。民主党（PD）成立于2001年6月10日，主张东帝汶在民主原则基础上建立新的国家和公正自由的社会，并推行自由市场经济。①

大选最终于2001年8月30日顺利举行。东帝汶独立革命阵线赢得了大选。在立宪会议88个席位中夺得55席，成为立宪会议席位最多的政党。立宪会议议员9月5日宣誓就职，宣布将在90天内起草新宪法，确定东帝汶的国家体制，然后举行总统选举。2001年9月20日，一个全部由东帝汶人组成的过渡政府在东帝汶首府帝力宣誓就职。2002年3月22日，东帝汶制宪议会议长卢奥洛主持召开会议，通过了这个即将独立的国家的第一部宪法，规定东帝汶民主共和国是享有主权、独立、统一的民主法治国家，国民议会、政府和法院是国家权力机构。总统是国家元首和武装部队最高统帅，由全民直接选举产生，任期五年，可连任一届。当天下午还举行了隆重的宪法签字仪式，88名议员在宪法上庄严签字。联合国东帝汶过渡行政当局行政长官德梅洛、总统候选人夏纳纳·古斯芒、东帝汶过渡政府首席部长阿尔卡蒂里以及各部部长、帝力主教贝洛的代表、东帝汶社会各界人士及驻东帝汶外交使团出席了签字仪式。4月17日，东帝汶独立革命阵线领导人夏纳纳·古斯芒在总统选举中获胜。

2002年5月20日午夜0时0分，东帝汶正式结束联合国过去两年半的监管协助，宣告独立，成为全球的第192个国家，首次由本地人当家作主，也使东南亚多了一个新生国家。东帝汶国旗于北京时间0时25分徐徐升起，接着联合国秘书长安南便在仪式中宣布结束联合公报对东帝汶的托管，将大权交予东帝汶国民议

---

① *Canberra Times*, August 27, 2001.

会议长卢奥洛。在东帝汶国旗升起后不久,古斯芒宣誓就任总统。古斯芒接着宣布总理阿尔卡蒂里与24人组成的内阁名单,并接受内阁宣誓就职,东帝汶政府随之成立。印尼总统梅加瓦蒂、葡萄牙总统桑帕约、美国总统克林顿、中国外长唐家璇等90多个国家的领导人和政府官员以及近10万东帝汶群众目睹了这个历史性时刻。

第八章　东帝汶独立后时期

第一节　和平之路依然难平

自从2002年5月20日独立以来，这个世界上"最年轻的国家"就一直处在周期性的骚乱之中。在建国不到6年的时间里，东帝汶政府就已经先后3次宣布进入全国紧急状态，这些紧急状态分别发生在2002年12月与2006年5月的骚乱以及2008年2月的袭击事件当中。

2002年，学生示威、总理住宅遭焚

2002年12月4日，东帝汶刚刚独立6个多月的时候，大约有500名学生走上首都帝力街头举行示威活动，抗议警方逮捕一名学生。他们首先在警察局外抗议，然后又到议会大厦附近游行。由于他们放火烧毁了一家商场并破坏了一家饭店的设施，抗议演变成了骚乱，警方不得不介入。随后，1000多名暴徒分别袭击了警察总部、行政大楼、警察分局、回教寺院，总理玛丽·阿尔卡蒂里的住宅也遭到了焚烧，整个帝力市处于失控状态当中。东帝汶政府当天宣布全国进入紧急状态，并在首都帝力实施宵禁，从而避免了事态的进一步恶化。这是东帝汶自独立以来最为严重的骚乱，至少有5名学生丧生，另有数人受伤。

2006年，士兵骚乱、陷入内战边缘

2006年3月，东帝汶大约600名官兵因抗议服役条件恶劣而被总理阿尔卡蒂里下令遣散。独立后的东帝汶国防军约有1400人，而遭到遣散的士兵就占了大约1/3。4月28日，阿尔弗莱多·雷纳多率领部分军人在帝力发动骚乱，导致东帝汶的安全局势逐步恶化。5月30日，总理古斯芒表示东帝汶陷入"严重危机"，并宣布实行持续30天的全国紧急状态。6月27日，总理阿尔卡蒂里辞职并表示对骚乱负责，东帝汶形势此后逐渐得到扭转。

2006年4月支持将近600名遭到革职军人的一项集会演变为暴动后，东帝汶再度陷入动荡不安。支持政府的军队与心生不满的军警在5月爆发激战，造成500人丧生、2万多人逃离家园的惨剧。彼时总理阿尔卡蒂里声称此一暴乱是政变，并欢迎外国提供军事援助；澳大利亚、马来西亚、纽西兰与葡萄牙随即出兵东帝汶，设法平息暴乱。

2008年，总统中枪、总理官邸遭袭

2007年2月，严重的粮食危机导致帝力局势急剧恶化，骚乱事件频发。联合国驻东帝汶粮食仓库再次遭帝力市民抢劫，混乱造成2人死亡。东帝汶总统拉莫斯·奥尔塔和总理夏纳纳·古斯芒的官邸2月11日早上先后遭到叛军袭击，奥尔塔腹部中弹受伤，而叛军首领阿尔弗莱多·雷纳多在冲突中被总统警卫击毙。临时总统维森特·古特雷斯当天宣布，全国进入48小时紧急状态，禁止举行集会和抗议活动，并实行夜间宵禁。多年来，局势失控，骚乱四起，究其原因是多方面的：[1]

1. 政府领导人执政经验匮乏，军人作风强硬，朝野矛盾加剧，社会平稳过渡受到极大挑战。东总统、总理、执政党领袖以及要害部门政要独立前大都是革阵领导民族斗争的核心力量，作派刚愎。建国后，因政见分歧、利益分配和其他内部矛盾逐渐分帮立派，分道扬镳。不同权力集团在政体设立、政策取向、治国管理等方面各持已见，导致政府号令分散、施政力度软弱。革阵作为东帝汶最大党派以其压倒性优势掌控执政大权，竭力压制反对力量，且军人作风强硬，行事我行我素，部分领导层居功自傲，处理问题简单欠周，招致不满。朝野矛盾因此加深，社会不稳定因素与日俱增。

2. 长期殖民统治使社会分裂，族群对立，给动乱埋下祸根。400多年的葡萄牙殖民统治和24年的印尼占领使得东帝汶民族群落、社会文化和历史传统被严重打乱，造成事实上的国家元素结构性分裂。东帝汶地窄人稀，却拥有33种语言、5个教派和近20个政党，此外，众多部落、族姓各自为政，小范围统治气候在相关地区占决定性地位，这十分不利于国家机器的政令统一。民众的大国家意识淡漠，小民族对立情绪强烈，东西部冲突、亲葡势力与亲印尼派系争斗时有发生，街头暴力频发，大部分家庭都藏有武器以备防身。深层次宿怨、矛盾四处暗伏。

3. 政府执政多年乏善可陈，经济、社会问题日渐凸现，此乃催生局势动荡之源。迫于重建欲望强烈和利益因素催使，东帝汶经济一直沿油气独大的方向畸形

---

[1] 《东帝汶的客观剖析》，天涯社区《国家观察》，2009年2月13日。

发展，非石油经济萎靡不振，资源开发独占鳌头。由于司法行政系统幼弱，拉动基础设施建设、扩大就业的民营经济发展严重滞后，失业率居高不下，大部分民众的生活依旧徘徊在赤贫线左右，生计艰难。深受小农经济影响的革阵政府缺乏具备先进发展意识的经济团队，在预算、投资和开发领域没有科学分配和引导，经济建设政绩苍白。民众对生活现状日渐不满，不乏产生趁乱泄愤的动因。

4. 西方影响构成畸形引导，内外矛盾相拼陷国家于困境。独立后的东帝汶国力赢弱，却迫于外力按照西方模式勉强以半总统制为基础立国，严重缺乏相应的社会土壤。事实证明，东帝汶并未如西方国家所愿，成为成功推行西方民主制度和价值观念的东方模板。恰恰相反，它正逐步向政变冲突的深渊滑落。西方国家在自认为帮助东帝汶制度重建成效彰显之际，迅速撒出维和部队和支助机构，却留民生极困的东帝汶于危机四伏的社会环境之中。加之西方社会不断插手东帝汶国家内部事务，为其政治深层斗争更添复杂因素。

5. 以地域划分的利益集团之争，成为东帝汶内乱爆发的直接因素。由于历史原因，经济基础薄弱的东帝汶在地区发展上还存在着严重的不平衡性，国家缺乏统一的、具有高度代表性的利益体。就此次骚乱而言，东、西部差距被认为是动乱的根源，而其幕后操纵者则代表了各自地区的集团利益。这种畸形状态严重影响了国家的团结与稳定。

东帝汶几番骚乱虽已平息，但追根溯源，影响其国家社会稳定的各种潜在威胁尚未消除。由于上述骚乱后期触及面广、影响力大，地区、民族之间的隔阂更为加深，其民族和解进程难免被拖入滞缓阶段。在事件处理上倍受争议和责难的东政府、单阵领导人公信力大幅下降，面临严峻的执政考验。拥有92%居民崇信的天主教会则借机进一步干预政治体系，排挤异己力量，挑战当权政府。此外，西方社会出于多重考虑，对东帝汶施加渗透影响的力度与尺度也将进一步强化。但东帝汶政府本身对国家走向充满信心，公开表明东帝汶局势已好转，革阵政府将以继续建设国家为首要目标，以更坚定的力量，更团结的阵容迎接未来。

第二节　年轻国家百废待兴

东帝汶虽然获得了独立，但却面临重重困难，主要有以下四个方面：

首先是社会经济局势十分严峻。最大的社会问题是失业，全国有13万人处于完全失业和半失业状态，失业率高达15%～20%，首都帝力就有7万人失业。就社会保障而言，社会保障系统很不健全，每天收入不到一美元的人口超过44%，人均寿命57岁。无生活来源的人口达64%；有26%的妇女和40%的儿童生活在饥饿和半饥饿状态，5岁以下儿童死亡率高达83%。儿童体重不足者占46%，其中46%的儿童极度瘦小，营养严重不良；只有5%的儿童接种麻疹疫苗；居民缺乏饮用水，城市中只有5%和农村中只有13%的饮用水符合卫生条件。就教育而言，问题十分突出，成人识字率只有50%，在校中、小学生30万名，失学率为20%～30%，农村儿童需在家中帮助父母务农，校舍严重不足，师资和办学人才匮乏。基础设施方面，75%的基础设施遭到破坏；全国公路总长6363千米，有2332千米遭到损毁，许多路段只有旱季才能通行；多达83%的住房完全损坏；只有30%的土地用于农业和畜牧业。此外，东帝汶的经济基础几乎为零。东帝汶没有工业，农业是其经济支柱，80%的人靠农业维持生计。除了石油和天然气外，东帝汶的资源缺乏。

其次是语言、教育政策的矛盾。东帝汶宪法规定德顿语和葡萄牙语是东帝汶民主共和国的通用语，但同时规定，只要认为有必要，印尼语和英语可与通用语一起作为市民生活的语言加以使用。对于这个规定，政府人员与年轻人之间产生了很大的对立。在东帝汶全国约有30种语言和方言，全部人口的82%会讲帝力等地区的语言德顿语。43%的人会讲印尼语，5%的人会讲葡萄牙语，2%的人会讲英语。对于葡萄牙语作为通用语的情况，遭到年轻一代的强烈反对。另外，把葡萄牙语作为课堂用语的决定不仅在大学教育中，在初等教育和中等教育中也引起了很大的混乱。由于缺乏葡萄牙语教师等原因，将葡萄牙语用作教学用语的政策便迟迟没有进展。

第三是国内政治问题及东西对立问题。东帝汶国内利益集团的斗争复杂，国家虽小却政党林立，仅正式注册的政党就有16个。党派之间以及党派内部的斗争复杂而激烈，最突出的表现在东西部地区的对立与总理派和总统派的对立上。早在对待是否独立问题上，东帝汶的政党和群众分为统、独两派，一派是支持印尼统治的亲印尼势力，力量主要在西部，而主张独立的一派，力量主要在东部。两派之间长期的分歧和积怨客观上也造成了东西部地区的对立。

第四是与东盟关系进展缓慢。加入东盟是东帝汶的多年夙愿，东帝汶认为加入东盟对地区的安全保障、政局稳定、经济发展、文化发展等是有益的。东帝汶存在着与印尼的国境划分问题，从这个意义上说加入东盟也是有益的。此外，东盟作为地区共同体，对打击日趋严重的东帝汶走私问题、海盗问题等也将发挥积极作用。迄今，东帝汶不仅未能加入东盟，与东盟成员国之间关系的拓展更是缓慢。对照蓬勃发展的东盟以及东盟与中国的自由贸易区、10+3等区域体制，东帝汶相对显现边缘化。

由此可见，尽管东帝汶获得了独立，但由于多年来政局摇摆难定，内乱频发，骚乱四起，导致困难重重，究其原因是多方面的：朝野因政见分歧和利益分配矛盾加深，社会不稳定因素与日俱增；政绩不佳，经济、社会问题日渐凸现，成为催生局势动荡源泉；民族矛盾，文化认同尚未形成，加之西方社会不断插手东帝汶内部事务，为其政治深层斗争更添复杂因素。独立后的东帝汶可谓是一穷二白，举步维艰。为了建立持久的和平，东帝汶政府应该协调东西部地区的政治和经济利益，以期消除东西部之间的对立；应该努力创造经济繁荣，以期消除贫困逐步提高人民的生活水平；应该加强国家机构管理并推动治安部门及军队的改革，以期建立强有力的政府威权。

值得提及的是，自1999年9月以来，联合国组织和有关国际机构向东帝汶提供了大量人道主义援助。联合国难民署和世界粮食署等几十个组织已制定落实了相应的行动计划。在一些国家已各自向东帝汶提供一定数量的援助基础上，联合国和世行在东京召开东帝汶重建及发展问题捐助国会议，认捐总额5.245亿美元。其中1.4898亿美元用于人道主义活动，3.734亿美元用于行政、重建和发展。欧盟、澳大利亚、葡萄牙、美国、英国、荷兰、芬兰、挪威、瑞典等参加认捐，数额不等。韩国、泰国和菲律宾等则表示将通过各种项目向东帝汶提供少量援助。从目前情况看，受地理位置及历史和现状的影响，新生的东帝汶必须一方面依靠自身的力量提高行政能力，发展国民经济，另一方面还必须寻求广泛的国际支持和援助。

第三节 东帝汶在艰难中前行

刚从硝烟中缓步走出的东帝汶如同婴孩般羸弱无力。面对松散的经济结构、落后的社会基础、新生的上层建筑，东政府肩负着严峻的挑战——充满期待的人民和一条漫漫的重建之路。恢复独立十多年来，东帝汶政府在领导国家建设、树立内政外交和发展教育卫生等领域不断努力，为东帝汶政治局势总体保持稳定作出了贡献。以革阵为主导的政府把促进民族和解、改善民生和经济重建作为施政重点，积极学习国外经验，采取了一系列措施，成果初显。在执政集团的努力下，东帝汶的政权机构建设和立法工作取得一些进展。施政也被认为具有一定透明度，社会治安较前有所改善。但东帝汶社会深层问题依旧存在，各在野政党、反对派系等活动频繁，多次与政府发生对立事件甚至流血冲突，严重影响社会建设的前进步伐。

为重建和振兴经济，东帝汶政府采取一系列措施：

一、加快制订法规，大力吸引外资

2005年6月，东帝汶政府公布了《外国投资法》，[①] 该法是对本国经济形势作出认真分析的基础上制定出台的。在东帝汶经济结构中，除石油收入外，GDP中的30%来自农、林、渔业，23%来自公共管理和国防，26%来自民用建筑，9%来自商业、旅游业、餐饮业，其余来自运输、租赁和服务、手工业、矿产品出口和水电。进口结构中13%为燃油，10%为食品饮料，6%为建材，6%为汽车零配件，其他占40%。10个进口来源国主要是印尼、澳大利亚、新加坡、葡萄牙、泰国、中国、越南、意大利和丹麦等。出口结构中74%是咖啡，26%是海产品、香料、干果等。出口对象国主要有美国、印度尼西亚、澳大利亚、新加坡、德国、意大利、澳大利亚、葡萄牙、泰国、新加坡、马来西亚和中国。目前，东政府发展经济的决心很大，急切希望引进外资，还成立了专门机构以促进贸易和投资——东帝汶贸易投资局（Timor-Leste Trade Invest）。

东帝汶促进投资的战略目标主要有：在竞争的基础上建立开放型经济，创造良好的商业环境，促进面向出口的战略投资，提高国营和私营部门的能力，保障竞争秩序，吸引外国直接投资，鼓励合资合作，提供商业机会，发展经济基础设施，采取措施刺激竞争，促进中小企业在生产链中的结合等等。充分利用国际市场准入优惠政策，如进入澳大利亚、日本、新西兰、美国、欧盟等国给予东帝汶的免关税、免配额等政策。东帝汶投资机会主要在油气、农业产业、森林、渔业、旅游、轻工业和经济基础设施等七大领域。东帝汶给予外商投资许多优惠条件和保障。如，一般法律和特别法律规定的所有经济领域，最低投资额10万美

---

① 《东帝汶经济建设初具蓝图》，《中国经贸》2014年第10期，第27页。

元，保障私有财产，保证不实行国有化，给予外商投资平等待遇，有利润分配权和投资收益权，有权雇佣外国专业人员，外汇汇出汇入自由，有权出售和转移资产，依照国际规则解决争议或送交仲裁，对于外商投资用于手工业加工的原料、半成品，用于生产的零配件，用于电力生产的燃料等等均可减免关税，土地使用也可免除7~10年的租赁费等等。

东帝汶还于2005年6月20日颁布《石油基金法》，[①] 于7月1日正式成立石油基金，该基金囊括所有来自东帝汶石油特许权、回报及投资收入。2005年9月，东帝汶政府表示，石油基金初期数额已接近2.5亿美元。官方预测基金在20年内将累计达到50亿美元，每年利息将有2亿美元。以上估计数字不包括政府从帝汶海日升油田项目中获得的50亿美元收益。截至2014年6月，石油基金累计滚存至166亿美元。

近年东帝汶政府强调，石油收入的良好管理对于保证经济的可持续发展、扶贫和政治稳定至关重要。并表示，由于美元持续贬值，东帝汶石油基金的投资急需多样化。认为政府应将石油基金用于购买欧洲、日本或澳大利亚债券，而非美国一家债券，否则，如美元体系一如印尼卢比般崩溃，东帝汶将无能为力。并认为最好的投资还是基础设施、教育和卫生，因为那是"实实在在的"。

除石油基金外，东帝汶还通过其他形式吸纳国外资金，如设立东帝汶巩固基金（大部分来自援助国）、东帝汶信托基金、双边和多边援助基金等。2004年、2005年财政总预算分别为2.42亿美元和2.04亿美元。东帝汶外部援助来自联合国、世界银行、亚洲开发银行和一些友好国家。澳大利亚、日本、葡萄牙、欧盟和美国的援助占2/3。

二、制定发展计划，拓展对外贸易

年轻的东帝汶政府面对上述挑战，制定了十年发展计划，同时积极扩大贸易、吸引外资和发展经济技术合作。东帝汶制定了2005—2015年十年发展八大目标。[②] 总体目标是减贫、改善人民生活条件。规划的第一项目标是根除极度贫困和饥馑，贫困人口要从2001年底的21%，到2015年要减少到14%，每年至少

---

① 中国驻东帝汶使馆经商处：《经贸新闻》，2005年6月20日。

② 王成安：《漫漫独立路十年发展篇——东帝汶政治经济发展评述》，《亚非葡语发展研究》，《北京大学非洲研究丛书》（第四辑），世界知识出版社，2006年。

减少2.73%；第二项目标是普及初等教育，2015年6岁男女儿童全部能入学并完成6年初等教育，儿童入学率每年增长2%，完成学业率达到90%；第三项目标是促进男女平等，给予妇女更大的权力，20年100%的女童接受初等教育和中等教育，15~20岁的妇女识字率达到10%，法律保护妇女不受家庭暴力伤害；第四项目标是降低儿童死亡率，五岁以下儿童死亡率2015年减少到56%，而这个比例在1989年和1999年是165‰；第五项目标是改善妇女保健条件，2015年妇女分娩死亡率减少30%，当前，每10万个妇女分娩就死亡420~800人，妇女分娩助产率由19%提高到60%；第六项目标是预防结核病、艾滋病、马拉热等病害，国家要杜绝和减少结核和艾滋病比例，结核病死亡率减少90%，90%的病人得到治疗，五岁以下儿童和孕妇都能得到住院治疗；第七项目标是持续稳定保护环境，2015年86%的城市人口和75%的乡村人口得到饮用水供应，65%城市人口和40%的乡村人口饮用水符合卫生条件，森林覆盖率到2015年至少达到35%，土地受到合理保护；第八项目标是提高综合能力，2015年各个部门应提高生产，增加就业，人员受到教育，得到应有医疗保障，青年学生毕业后参加工作得到报酬，石油收入用于改善社会基础设施，在农业、工业和服务业提高生产力的基础上国内生产总值每年增长5%。

为实现上述目标，政府将采取一系列措施。如制定法律法规，增加公共投资，鼓励私人投资，公共资源用于减贫，农业实行多种经营，采取多种方式满足饮用水供应，建立社会保障和应急机制，将基础教育置于优先地位，改善学校设施，预算赠与部分用于小学教育，培训教师提高知识水平，女童入学应受到特别关注，出台有关家庭暴力法律，扫除文盲作为全国的战略目标，解决居民就医问题，建立培训中心提高在职人员的素质等等。政府承诺每年用于卫生方面的财政预算增加46%，用于教育方面的财政预算增加12%。

此外，为了鼓励吸引外来贸易投资，东帝汶政府出台了一系列的关税和营业税减免的优惠政策，在不同地区投资，可免除一定年限的国有土地租金，雇佣当地劳工，可减免一定比例的应纳税额等。2008年东帝汶新税收政策在议会通过，其主要内容是简化纳税程序、降低平均税率，进口税和营业税降至2.5%，旨在使东帝汶成为世界上税收最低的国家之一，不仅为了吸引外来投资，而且鼓励自由贸易。

三、加大基础设施建设和农业投入

2009年10月，东帝汶政府向国会提交了一项"一揽子工程计划"，共包括700个中小型基础设施项目。该计划被政府誉为"国家战略"，[①]旨在推动农村建设和私营经济发展，主要投向道路桥梁、卫生设施、学校、供水和防水灾设施等工程，计划总额将达7000万美元。政府认为，此举将刺激地方经济发展，增加就业，给民众以参加国家建设的机会。该一揽子计划项下工程将由东帝汶公共民用建筑企业协会负责分配，主要面向本国建筑企业。东帝汶政府还宣布了一项通过实施公共工程项目以刺激就业的"增收国家规划"，旨在4年内平均每年为5万人创造人均60天的工作机会。为尽量多地覆盖失业人员，政府在很多项目上采取非全日制工作制度，采取措施加大当地青年培训力度。

与此同时，东帝汶还加大农业发展领域的资金投入。2009年东帝汶农业投入达到6087万美元，其中，政府将在农业领域投入资金3391.4万美元，各国政府、国际组织对农业的援助资金预计为2695.6万美元，主要来自中国、澳大利亚、欧盟、日本、德国、巴西、葡萄牙、美国等。这些资金主要投入到32个农业优先发展项目，包括粮食安全、偏远地区发展、青年就业、新技术应用、农业教育、发展渔业资源等。不仅如此，东帝汶政府确定了7个优先发展领域，分别是：（1）保障农业和粮食安全，实现粮食增产25%；（2）大力发展农村不发达地区；（3）促进人力资源发展，改善基础教育质量；（4）建立社会保障和服务体系；（5）强化国家安全和治安环境，继续推进安全领域改革；（6）提高政府廉洁度和效率，逐步开展地方政府基层改革；（7）建立司法公正通道，制定刑法典、民法典等基础大法。同时，为了保障经济长期、可持续发展，政府已着手制定国家中长期发展战略计划。[②]

四、积极奉行务实、平衡、睦邻的外交政策

受地理位置及历史和现状的影响，东帝汶将以邻国和亚洲国家为其外交立足点，奉行大国平衡外交，与世界各国交好，重视发展同印度尼西亚、葡萄牙、澳大利亚和亚洲国家的关系，期望早日加入东盟。与此同时积极发展与南太平洋

---

① 中国驻东帝汶使馆经商处：《经贸新闻》，2009年10月29日。
② 中国驻东帝汶使馆经商处：《经贸新闻》，2009年4月7日。

论坛以及欧盟的合作关系，继续广泛寻求国际支持和援助，争取尽快加入联合国。东帝汶也很重视积极发展同中国的友好合作关系。截止2006年2月已与100多个国家建交，包括中国在内的15个国家在帝力设立了大使馆（或代表处），并派遣了常驻大使或代表。阿根廷等30多个国家向东派驻了非常任大使或代表。在中国、葡萄牙、马来西亚、印尼、澳大利亚（兼驻新西兰）、美国、比利时和莫桑比克等国建立了大使馆，在纽约设立了常驻联合国代表处（常驻代表兼驻美大使），向布鲁塞尔派出了常驻欧盟代表（兼驻比利时大使），在悉尼设立了总领馆，在印尼巴厘岛和古邦设立了领事馆。

东帝汶政府在《2011—2030国家发展战略规划》，①确定了外交近期、中期和长期目标：（一）近期目标：加入东盟，在所有东盟成员国设有使馆；加入相关国际组织和机构，以更好地服务人民需要；对驻外使领馆工作进行全面评估；发布《对外政策白皮书》，确定东总体外交政策；驻外机构行使全方面职能，包括吸引投资，推动贸易和旅游业发展；发挥葡共体领头羊作用；继续支持"G7+集团"，为集团发展提供资金和其他协助；实施所有与外交有关的必要法律法规。（二）中期目标：成为东盟主要成员，具备发展经济、施行良政以及对外援助能力；成为联合国专门机构和委员会成员以及解决地区冲突、建设和平的典范；外交部为吸引贸易投资以创造就业发挥关键作用，使东成为提供金融服务和信息技术的区域。（三）长期目标：成为国际事务协调者，为预防和结束冲突发挥积极作用；国民警察和国防军完全具备参与国际维和行动的能力；外国驻东使馆总数达到30个。

近年来，东帝汶政府全力维持稳定，倡导改革，兑现大选承诺，着力发展经济，促进就业，改善民生，推动国家基础设施建设，取得了显著成效。

东帝汶的人均GDP，2009年只有542美元，被联合国开发计划署列为亚洲最贫困国家和全球20个最落后的国家之一。但仅仅4年时间，东帝汶几乎变成了另一个国家，GDP从2009年的5.9亿美元增长到2013年的61.5亿美元，2013年GDP达到2009年的10.42倍，人均GDP也从2009年的542美元上升到2013年的5177美元，已经进入中等收入国家行列。更重要的是，该国的经济起飞刚刚上路，还有更大的增长潜力，预计10~20年后有望达到2~3万美元，进入发达国家

---

① 田广凤:《友邻故事暖人心》,《人民日报》,2014年4月8日, 第3版。

的行列，成为东亚的第六条小龙。

另一方面，随着东帝汶政治局势稳定和经济逐步发展，当地医疗水平已有很大改善。与2003年调查数据比，婴儿死亡率由60‰降至44‰，5岁以下儿童死亡率由83‰降至64‰。更大的变化是，愿意减少生育的育龄妇女（15~49岁）由35%升至72%，目前育龄妇女平均生育数已由7.7个孩子降至5.7个。与此同时，政府减贫工作取得较大进展，贫困人口比例已从2007年的49.9%降至2009年的41%，下降近9%。

2011年7月，东帝汶政府发布《2011—2030国家发展战略规划》，[①]确定了东经济和社会领域近期（1~5年）、中期（5~10年）、长期（10~20年）发展战略目标，力图通过推动基础设施建设、加大民生投入、促进战略产业发展，实现经济长期、全面可持续增长，以期到2030年将东帝汶建设成为一个人民健康状况良好、受教育程度高、安全感强的中高收入国家。

然而，由于东帝汶是完全照搬西方民主制度，政党较多，言论自由，实行"三权分立"政治模式和多党竞选的政党制度。加上东帝汶局势长期动荡不安，派系斗争绵延不断，东帝汶人民饱受动乱之苦，生活不得安宁，经济建设停滞不前，东帝汶重建工作十分繁重。一些舆论认为，争取独立的斗争给东帝汶人留下了深深的创伤，这些伤口需要几代人的时间才能愈合。尽管今后东帝汶在国家建设和发展的进程中可能会遇到各种困难和曲折，但在这片土地上一个新国家的崛起将是不可阻挡的。

---

① 中国驻东帝汶使馆经商处：东帝汶《2011—2030国家发展战略规划目标》(摘译)，2011年8月。

第九章　东帝汶与中国

第一节　交往源远流长

中国与东帝汶两国人民之间的交往具有悠久的历史。中国人下南洋的历史至少可以追溯到汉代，两千年前的中国商人在冬季顺着西北季风一路南下来到今天的印尼群岛。来年年中，又乘着东南季风北归，其中一些人逐渐在印尼群岛定居下来，这是我们今天知道的最早的下南洋的中国人。对于早期下南洋的中国人经过什么途径、从事什么营生、有何见闻和遭遇等我们现在所知很少，有关中国人什么时候发现和来到帝汶的情况也是如此。今天可以看到的中国人最早记录帝汶的文献是成书于13世纪的《诸藩志》，仅可证明最晚于13世纪中国人已经知道（或者到过）帝汶。

从7世纪即唐朝开始，中国人就活跃在南洋地区，13世纪到15世纪初（元代和明朝早期）到达高峰。那时间，爪哇、苏门答腊、马六甲、婆罗洲、吕宋等地都可以见到中国的船只频繁地穿梭往来。马来群岛号称"香料群岛"，中国商人在这里采购胡椒、丁香等香料，而以丝绸、布匹、陶瓷制品和各种金属制品等交换。东南亚是除了印度以外的另一个檀香木的重要产地，中国商人也在这里收购檀香木。但东南亚出产的檀香与印度檀香相比，品质较差。受追寻更高品质的檀香木的驱使，中国商人的足迹遍及整个南洋群岛，最后发现了帝汶。帝汶檀香无论品质还是数量都在东南亚之上，往往与印度檀香并列，因为帝汶在中国古代被称为"地门"，所产檀香也就被称为"地门香"。

早期中国人到帝汶的途径，多数直接从南中国海穿过马鲁古群岛（Kepulauan Maluku）由北向南来。由北向南的航线可能是14世纪满者伯夷[①]兴起，以及海盗滋扰，使经过爪哇的路线经常阻断而开辟的。今天在菲律宾群岛和马鲁古群岛都发现有那个时期的中国货币和纺织品，说明这条航路在当时已经相当成熟。14世

[①]　13世纪京爪哇王国，在今泗水西南。

纪之后，满者伯夷衰落，中国人实际控制了马六甲海路，通过马来半岛经爪哇由西向东到达帝汶的海路，受到大明海军的保护，成为大多数商船的选择。马六甲兴起后，爪哇人、阿拉伯人也开始加入檀香贸易，他们将檀香木由帝汶运至马六甲与中国商人交易，中国商人自己驾船前往帝汶的次数有所减少，但直到16世纪初意大利人皮加费塔（Antonio Pigafetta）在帝汶还看到过从菲律宾驶来的中国帆船。16世纪后，葡萄牙人及随后的荷兰人控制了马六甲海道，大肆劫掠中国商船，加上当时的中国政府日趋保守，通商变成禁海，自中国大陆来的商船也就越来越少了。

中国人最初来到帝汶收购檀香木可谓艰险。《岛夷志略》中曾经提到，泉州吴姓商人召集上百人驾船前往帝汶收购檀香，其经过艰险无比，只有10余人返回。然而，尽管风险巨大，中国商人还是不断前来，归根到底是获利巨大。关于檀香木贸易的丰厚利润，葡萄牙人倒是从不讳言。

葡萄牙人攻占马六甲后，很快就加入到这项利润丰厚的贸易中来。1555年至1557年，葡萄牙人以耍无赖的方式攫取了中国澳门后，澳门逐渐成为檀香木贸易的中心。那时中国人到帝汶进行贸易已经有数百年历史，熟悉当地人文风俗，也与当地人建立了一些固定的合作关系。不过葡萄牙人熟悉贸易过程后，加上所罗岛和之后拉朗杜卡殖民基地的建立，对中国商人的依赖逐渐降低，1595年就开始出现阻止中国商船前往帝汶的记录了。不过也因为檀香木贸易，澳门和东帝汶被连在了一起。这两地又逐渐形成行政上的关系，有时并列归果阿总督管辖，有时帝汶归澳门总督管辖。中国自清朝开始，闭关锁国成为基本国策，虽然也经过"康雍乾"，但国力日益衰落已经无可挽回。1844年，处心积虑的葡萄牙人终于控制了澳门，随即宣布澳门和东帝汶为其"海外省"并合并管理。1849年废除了澳门的中国海关，声称澳门独立。激愤的国人刺杀了澳门总督费勒伊拉·阿玛拉尔（Ferreira do Amaral）以示报复，但无济于事。随后葡萄牙人分别于1851年和1864年控制了醉仔（Taipa）和路环（Coloane），形成了今天澳门的区划。1883年，葡萄牙再次宣布澳门和东帝汶共同构成其"海外省"，归果阿控制管理。

有关澳门与东帝汶的过往今天已经蒙上厚厚的历史尘埃，少有人知。但居住澳门多年的东帝汶裔神父弗朗西斯科·费尔南德斯（Francisco Fernandes）在回忆澳门与东帝汶有过很密切的历史关系时说：两地的历史渊源可以追溯到19世纪末，虽然东帝汶与澳门同在葡萄牙殖民统治下，但前者比后者落后多了，在葡萄牙政府的安排下，澳门成了东帝汶的教育、文化甚至贸易中心。当时澳门还未设大学，但东帝汶却连中学也没有，因此，有不少东帝汶人来澳门升读中学，又或报考其他技术课程。即便东帝汶官员和神职人员，也到澳门接受在职训练。两地教育开始进行文化交流，推广具东方色彩的葡萄牙文化与葡语教育。19世纪，澳门的葡萄牙裔总督兼任东帝汶总督，一些重要官员也兼管东帝汶行政，把两地紧紧连在一起，直至20世纪初，才各自为政。至于宗教方面，1940年之前，澳门主教也自动成为东帝汶主教，因此葡萄牙、澳门、东帝汶的传教士经常穿梭三地，促进了宗教交流活动。澳门在东帝汶的历史发展中，扮演过重要角色，特别是在19世纪，两地就如兄弟一样，正因为这样，有些澳门居民便顺理成章地到东帝汶寻找贸易机会。

历史学系出身的费尔南德斯神父曾指出，亚洲华人有敏锐的生意嗅觉，澳门华人也不例外。当时他们看准东帝汶廉价而丰富的农产品，特别是咖啡豆，便大力推动澳门成为东帝汶的贸易中心，并利用葡萄牙的优势发展欧洲市场。但后来出现的政治因素，使这个如意算盘不太如意。并认为，中国是到东帝汶大规模经商的第一个亚洲国家。14世纪，中国已从东帝汶输入檀香木，开始了两地的贸易关系，而华人在东帝汶的历史也从此展开。

由于长期与帝汶进行贸易，一些中国人就留在东帝汶定居了，这些早期的中国移民目前所知不多了，19世纪早期西方人就曾"在帝力见到很多中国人"。1894年至1912年东帝汶爆发规模空前马鲁发依战争（叛乱），葡萄牙王国在东帝汶的殖民统治就此画上句号。继承王国遗产的共和政府上台之初也颇雄心壮志，要励精图治一番，对各殖民地的统治进行了加强。从非洲和澳门调集来镇压叛乱的部队一部分就留在了东帝汶，又从中国移民来着手进行几个世纪未曾进行的社会建设。这批中国移民多数是广东梅县的客家人，他们陆续来到东帝汶，起先多数定居于利基砂（Likisia，帝力西部城市）。据说今天在利基砂还可以找到当年的观音庙遗迹。另一支中国人，如前所述，即从澳门流放来的囚犯，多数是广东人、福建人，他们主要关押在沙麦（Same），就是发生大叛乱的马鲁发依，通常关押1年后获释，但不能返回祖国被强迫定居下来。这些流放犯人多与当地土著通婚。这三支中国移民构成了如今东帝汶华人的基础。广东话、客家话、闽南话是当地华人的主要方言。到19世纪初，东帝汶已形成一个华人社会。

20世纪初客家人来到东帝汶时，发现这里一片凋敝，百业不举，除了以物易物几乎没有商业活动。那时的帝力除了一片建筑为殖民者居住外，整个海岸边都是深深的泥沼，市区内既没有像样的道路，也没有商栈店铺。客家人吃苦耐劳的精神举世闻名，他们安定下来后，开始想方设法谋取生计。开始的时候，只是用一些小商品与土著人交换当地的出产，比如衣服、针线、居家用具、耕猎工具等等。土著人当时多数居于山林，顶无片瓦，衣不蔽体，一无所有，对于中国人带来的商品几乎是来者不拒。比如，1根缝衣针可以换1个鸡蛋，1件衣服可以换1张鳄鱼皮等。经过数年积累，有些积蓄的人家便开始在帝力等城镇开起各种买卖，如缝纫、五金、百货、理发、粮油等。可以说没有华人的到来就没有东帝汶的商业。而葡萄牙人乐见帝力日益繁荣，为保护稚嫩的商业市场，又规定每种行业只准一家经营，以免相互竞争而两败俱伤。商业活动的频繁，货币就成了问题，因为那时东帝汶没有货币，华商们开始时使用的是国内货币，甚至清朝铜钱来进行交易，后来澳门元流进东帝汶，逐渐开始以澳门元作为基本货币。站稳脚跟的中国人，生活逐渐殷实，便又开始从国内将妻小接来，香火相传。一些亲属乡里也跟随而来。据统计，1935年东帝汶华人共3 500人，占总人口49万的0.171%，逐渐形成了一个微型的华人社会。大约1910年代，当地华商集资建设了关帝庙，并存留至今。关帝庙是华人聚会的场所，也是共济互助的机构。经济上逐渐宽裕的华人，遵循祖先诗书传家的传统，集资延请老师，兴办华文学堂，以客家话传授孔孟之学。

1910年代，中国国内革命浪潮不断，清王朝即将寿终正寝，革命党人在南洋地区奔走呼号，为革命筹集经费，选拔人才。1911年，同盟会员林激真、许演群受孙中山指派来到帝力创办帝汶同盟会，兴办教育，宣传革命。1911年3月1日，在林、许二人和当地华商的共同努力下，力利①中华学校在关帝庙开学招生，最初学生有40人。在这以前，还有一个人来帝力为革命募捐，不过分文未得怅然而归，一怒之下决心干件惊天大事出来以激励国人革命之决心，回国后直奔北京要刺杀当时清廷实际掌权人摄政王、宣统皇帝的父亲醇亲王载沣。刺杀不成身陷囹圄，他又豪言"慷慨歌燕市，从容作楚囚。引刀成一快，不负少年头"。这个人就是汪精卫。

尽管华人极少参与当地政治，但仍和其他东帝汶居民一样，在争取东帝汶民

---

① 力利是帝力的台湾译名。

族独立运动过程中历经磨难。1942年初日军占领东帝汶。日军进驻以后,大批华人都逃往东部山区躲避。日军占领东帝汶后对华侨继续进行屠杀,只是因为当时东帝汶华侨数量本来就少且多数逃进深山,所以相对而言遇害者较少。遗憾的是经历过这时期的华人多数已经作古,到底有多少东帝汶华人惨死在日军屠刀之下,已经无法查证了。

日军投降后,葡萄牙殖民当局重返东帝汶。战后饱受战火涂炭的世界开始进入全面恢复重建时期。在美国的强力推动下,欧洲经济迅速复苏,葡萄牙国内也进入到一个快速发展的阶段,对东帝汶的投入也有所加强。20世纪50年代至70年代初,东帝汶局势相对稳定,期间虽然也有一些冲突,如1959年维格格的叛乱,但总的来说没有对稳定的局势带来破坏性的影响。在国际环境来说,这一时期世界列强忙于重新划分世界格局,对于这个小小的弹丸之岛无暇顾及,对东帝汶事务也是干涉最少的时期。在这样的背景下,东帝汶迎来了一个稳定发展的阶段,这是数百年来所仅有的。而华人们充分利用了这个难得的稳定局面,生意蒸蒸日上,经济状况大有改善。开始时的小店铺这时纷纷发展为各大公司,形成了"帝力八大家",即最富裕的8个华人家族,以黎氏为首。如容顺公司(黎翰华)、务本公司(杨溢新)、黎氏商栈(黎锭祥)、声泰公司(黎声仁)、荣源公司(丁兴文)、Metro公司(巫汗文)等,另外还有曾出任商会会长的许潜源等。富裕起来的华人建立起商会和行会,兴建华人墓场,扶危济困的工作也有专门人员负责,陆续开办了多所华侨小学。由商会会长许潜源先生捐出土地,力利中华学校在关帝庙东面不远处的新址上兴建了新校舍,在校学生也达到1 000余人,为最兴盛时期。学校至今保存,但被东帝汶政府征用做当地普通学校,未能恢复华校的身份。

1949年,国民党败退至台湾,开始格外重视海外侨民的工作。20世纪50年代,开始在帝力设立"领事馆"。东帝汶的华人小社会也就此开始了新的历史时期。"台湾当局"的"领事馆"建立之后,在东帝汶的华侨教育机构均向台湾报备,台湾也派遣大批教师携带教材教具等前来。从这一时期,台湾版的国语取代了客家话成为教育语言,至今在东帝汶的不少华人可以讲普通话就是源于这一时期的教育。学业优秀的学生被推荐到台湾继续接受高等教育,1956年至1961年有56人到台湾升学,1952年至1977年有86人在台湾获得高等教育毕业证书。除了帝力市,"领事馆"又在东帝汶各地开设华文学校,据说最多的时候有70余所。台湾来的农技人员在各地帮助土著人开荒成田，引水灌溉，种植水稻等作物。现在在东帝汶东部地区还可见到层层叠叠的梯田，据说就是在台湾人的协助下修建的。当时"领事馆"作风亲民，华侨有婚嫁喜事，"领事馆"主事总要出席主持，用自己的座车当做婚车供新人使用。每到双十节，分散于东帝汶各地的华侨都赶到帝力参加庆祝活动，中华学校对面的球场也总被用作集会庆祝的场地。各华校的学生们穿戴整齐，举着青天白日满地红的旗帜、孙中山像和双十字样的牌子进行会操、舞蹈等表演，下午举行篮球或其他比赛，晚间"领事馆"在操场上放台湾电影作为答谢，整个过程十分隆重。

1950年华人3 128人，占总人口442 378的0.17%；到1967年这一数字上升为5 568人，占总人口的1%左右；到1974年，印尼入侵前，华人人数上升到9 500人，占总人口的1.5%。这些数字由当时当地政府统计，并不准确，当地华人自己估计其数目应该接近20 000人，可能是一些华人与当地人通婚，所育子女未被计算为华人的缘故。

如果没有后来猝然之变，东帝汶的这个小小华人社会逐渐壮大是完全可以期待的，当时不少人有"将东帝汶变成第二个新加坡"的雄心壮志。遗憾的是，东帝汶做出了不同的选择。华人几乎垄断了东帝汶的商业，财富日益积累，令土著人的不满也随之积累。表面上看，当时华商几乎控制了东帝汶全境的经济：20世纪60年代末，东帝汶有零售商店约400家，其中397家为华人拥有，进出口商25家，其中21家也属于华人，但实际上并不是如此。东帝汶经济的基本支柱——种植业被控制在部落贵族手中，大宗货物如咖啡出口主要掌握在葡萄牙人手中，而金融业完全被葡萄牙国民海外银行（BNU）把持，华人根本无法染指。华商主要控制的零售业是整个经济链条的末端，即使所获不菲但在国民经济总体中的份额仍然十分有限。另外积累了财富的华人即便在华人圈中也是少数，大多数华人和当地人一样生活窘迫，从事各种低微的工作，而这一点却往往被故意忽视了。

1975年8月10日，葡萄牙准备撤离之时，为争夺未来国家的主导权，帝汶民主联盟（UDT）和东帝汶独立革命阵线（FRETILIN，以下简称革阵）大打出手，东帝汶内战爆发。期间帝力市的华人商铺几乎都遭到UDT武装人员的洗劫，而帝力以外的地区，土著人在有意煽动下仇视华人的情绪蔓延，抢劫、殴打事件层出不穷，各地华人纷纷避入帝力。FRETILIN与华商关系略好，控制局面后基本制止了哄抢华人商铺的行为，但是以征借的名义也时不时到华人店铺揩点油。另外FRETILIN对华人垄断当地商业的局面也很不满，创建之初，就有成员以建立合作社、互助组等方式以图变革。

1975年12月7日清晨，印尼大军从天而降，东帝汶进入了印尼占领时期。兴盛一时的东帝汶华人社会就此崩解，人数从顶峰时的将近20 000人减少到数百人。大量华人出逃，东帝汶的经济立刻陷于瘫痪。因为印尼与中国大陆有正式外交关系，加上局势混乱安全无法保证，台湾"领事馆"很快撤离了东帝汶。

无论怎样，生活总是要继续，局势稳定后，没有逃走的华人又开始开门做生意，不过此时多数货架上已是空空如也。一些从印尼来的华人与印尼军方合作，开设公司，垄断了东帝汶的出口贸易。从爪哇、苏拉威西来的印尼商人在当局的保护下大量开设零售商店，占据了东帝汶零售业的大半江山。东帝汶华人一统东帝汶商业的局面也就此结束了，并且至今也没有恢复。一些印尼士兵偷窃军用物资和援助物资，通过华人商铺在当地出售，或者通过华人商业渠道运到印尼境内出售，从中渔利，而这项生意也成了一些华人唯一的生计。大多数华人损失惨重，经营规模大大倒退，仅靠惨淡经营一些小店铺勉强糊口。今天很少人愿意谈及当时的境遇，创伤之巨难以抚平。今天，在帝力也有少数生意成功的当地华人，不过经常见到的是很多家华人挤在一栋建筑中，以经营缝纫、百货、小食品、小餐馆等谋生，度日艰难。当年在帝力商场呼风唤雨的气势已经不复存在。

1975年印尼占领以前，东帝汶华侨华人原先就有商会、宗教和乡团等组织。其中"中华商会"和"帝力中华中小学董事会"还有自己的会所和物产，并购有华人坟场。印尼占领东帝汶后，华人的社团组织被取缔，完全停止活动。东帝汶华人原先有较好的华文教育基础，华文学校从幼稚园到中学都有完整的体系，在帝力和各县都有华文学校。其中"帝力中华中小学"具有相当规模，全盛时有学生五六百名，学校还从国内聘请教师，采用国内的教材，并用普通话教学。1975年以后，印尼占领当局取消了华校和华文教育，强行推行印尼文教学，华文教育业不复存，华文报刊也被禁止流入东帝汶。东帝汶的小型华人社会由盛而衰的经过令人感慨不已。

2002年5月东帝汶独立后，中国人不断从新加坡、印度尼西亚、澳大利亚、文莱、中国大陆和香港等地来到东帝汶，他们在这里办商店、开饭店、搞建筑、开旅馆、办公司，短短的几年时间里，不仅使东帝汶商业得到恢复，而且出现竞争局面。现在，帝力市各行各业，随处可见中国人开的商店、办的企业。与此同时，稍微稳定的华人社会就开始注重下一代的华文教育，开办华文补习班，并酝酿恢复帝力中华学校董事会，准备向政府要回原先的学校校舍和场地。随着东帝汶政治形势逐步稳定，一些华人开始着手推动建立华人自己的社团组织。2003年3月，当地华人成立了中华商会。他们举办了一些有益的活动，如在东帝汶独立日、农历春节举办舞狮表演，捐赠救灾物资等，受到东帝汶社会各界的好评。除中华商会外，还有一个佛教协会，主管一个华人庙宇——关帝庙，经常举办一些宗教活动。目前，东帝汶有华人华侨1500人左右，大多数生活在首府帝力市。

第二节　中国坚定支持东帝汶

1975年12月7日印尼入侵东帝汶后，葡萄牙立即宣布同印尼断交，国际社会对印尼进占东帝汶的反应也十分强烈。同月，联合国大会、安理会和联合国非殖民化委员会就印尼出兵进占东帝汶通过决议，要求印尼撤军，呼吁各国尊重东帝汶的领土完整和人民的不可剥夺的自决权利。中国政府当时对印尼的这种侵略行迹进行了严厉的批判。对于独立革命阵线领导的东帝汶独立我们给予了高度的评价，在东帝汶发表独立宣言的12月2日，《人民日报》发表社论，称东帝汶革命阵线"主张立即独立，尽快实现东帝汶人民要求从殖民主义制度下解放出来的愿望，进行土地改革，发展民族经济；在国际关系上主张不结盟，反对在东帝汶领土上建立任何外国军事基地，支持一切为进步而斗争的人民，这些主张得到了东帝汶广大人民的支持"。[1]对于印尼的出兵，中国代表吴妙发12月5日在联大第四委员会上阐述了中国政府对东帝汶独立的立场，他在表示支持独立革命阵线领导的东帝汶独立，要求葡萄牙政府予以承认的同时，还表明"印度尼西亚政府公开宣布要对东帝汶进行武装干涉和威胁，这一事实不能不引起联合国各成员国的关注，我们希望印度尼西亚政府停止干涉，同东帝汶建立友好睦邻关系，在和平共处五项原则的基础上，通过和平协商，解决双方之间存在的问题（如难民问题）"，表明了要求印尼政府采取自制的态度。[2]

印尼政府不顾国际社会的反对，继续增兵东帝汶，于12月7日占领帝力。12月9日，人民日报继续发表评论员文章谴责印尼政府的侵略行径，"现在，印度

---

① 《东帝汶独立革命阵线宣布东帝汶独立》，《人民日报》，1975年12月2日。

② 《我代表联大四委会阐述对东帝汶独立的立场》，《人民日报》，1975年12月7日。

尼西亚政府悍然出兵武装入侵东帝汶，侵犯东帝汶人民的主权，这充分暴露了印度尼西亚吞并东帝汶的企图，引起了东帝汶人民的反对和世界公正舆论的谴责"。① 由于当时奉行三个世界的外交方针，我们把东帝汶问题放在第三世界内部矛盾的范畴上来看待，没有上升到全面性的批判。12月15日，黄华代表在安理会发表演说，在强调印尼军队必须无条件立即全部撤出东帝汶的同时，也表明了要求印尼同东帝汶和解的主张，强调"印尼和东帝汶民主共和国，都是第三世界国家，先独立的印度尼西亚共和国理应尊重东帝汶人民的独立愿望，予以支持，并根据和平共处五项原则建立与促进双方之间的关系，以便共同维护这一地区的和平，反对超级大国的插手争霸"。对于联合国，黄华代表还指出"安理会如果不辜负其责任的话，就必须对印尼对东帝汶的武装侵略和吞并行动，给予严正谴责，入侵的印尼军队必须无条件地立即全部撤出东帝汶领土"。②

由于印尼对东帝汶的侵略没有停止，随后中国对印尼的批判也上升到了全面性的批判。12月29日，在迎接到访的东帝汶民主共和国总司令兼国防部长的欢迎宴会上，外交部长乔冠华发表演说。在热烈祝贺东帝汶脱离葡萄牙的统治而宣布独立的同时，表明"中国政府和人民强烈谴责印尼政府的这一侵略行径"，强调"必须让印尼政府立即无条件从东帝汶全部撤走军队，停止对东帝汶的各种干涉"，并指出"中国政府和人民坚决支持东帝汶人民的正义斗争"。③ 之后中国除在联大要求印尼撤军时投赞成票外，还继续表明对东帝汶独立革命阵线的支持和对印尼的批判。

此后联合国大会多次审议东帝汶问题，但由于革阵独立进程几无进展，印尼占领既成事实，国际社会对东帝汶问题关注下降。1978年改革开放以后，我国的外交基本路线也由重视革命转为为经济建设服务，构筑安定的国际环境。因此我们对东帝汶问题的认识也变为越发强调通过和平方式解决。1984年11月吴学谦外长访问葡萄牙时指出"我们一直很关心东帝汶问题，我们总是希望东帝汶问题能够通过和平方式加以解决。解决这个问题首先要照顾到东帝汶绝大多数人民

---

① 《东帝汶人民的独立权利不容侵犯》，《人民日报》，1975年12月9日。

② 《我代表黄华强调印尼军队必须无条件立即全部撤出东帝汶》，《人民日报》，1975年12月18日。

③ 《东帝汶民主共和国政府代表团到京》，《人民日报》，1975年12月30日。

的意愿，由有关国家通过和平协商加以解决"。①

　　1999年初在爆发亚洲金融危机之后，面对巨大的财政负担和国际压力，印尼政府提出允许东帝汶享有广泛自治的建议，并且表示，如果东帝汶人民拒绝接受自治方案，印尼政府准备通过当地全民公决来决定今后东帝汶的地位。8月30日，东帝汶在联合国的主持下举行全民公决，78.5％的东帝汶人选择了独立。但东帝汶独立之路是充满坎坷的，在全民公决的结果发布之后，亲印尼的反独立派民兵组织发动了大规模的报复性袭击，致使近千人遇害，25万余人成为难民。在这种紧急情况下，国际社会立刻予以应对，以制止东帝汶的人权侵害。9月15日联合国安理会决定派遣维和部队（INTERFET），9月20日，以澳大利亚为主的维和部队陆续进驻东帝汶，开始履行恢复和平与安全的使命。10月，伴随着治安的改善，联合国安理会通过决议，成立联合国驻东帝汶过渡行政当局（UNTAET）。对于联合国的这次维和活动，我国表示了极大的支持。我国先后表示支持联合国向东帝汶派遣INTERFET的1264号决议和决定设立UNTAET的1272号决议，而且在1264号决议发布后的第二天，外交部发言人孙玉玺就立刻代表我国表明向东帝汶派遣维和民事警察的决定。这是中国历史上第二次向东亚地区派遣维和人员，1992年我国曾向当时的柬埔寨过渡行政当局（UNTAC）派遣过由400名工兵和50名军事观察员组成的维护部队。

　　通过以上分析可知，在东帝汶问题上，中国的态度具有明显的时代烙印。1975年到1978年是第一阶段，中国的立场是支持东帝汶独立革命阵线，反对印尼的侵略，强调第三世界国家的合作与联合。1978年到1987年是第二阶段，此时中国的基本立场是在改善同印尼的友好关系的同时强调通过和平方式解决东帝汶问题。1987年之后是第三阶段，此时中国的基本立场主要是尊重印尼政府和反对利用人权问题进行国际干涉。1999年之后为第四阶段，即积极参加东帝汶维和，发展同联合国与印尼的友好关系，维护地区稳定。由此可以看到，中国外交在处理东帝汶问题上有三个中心思想一直贯穿始终：一是欢迎东帝汶独立，二是以联合国为中心和平解决，三是处理好同印尼的关系。中国参与联合国东帝汶维持和平行动的过程也正是这三个中心思想的体现。

　　作为联合国集体安全制度下的重要机制之一，维和机制在战后尤其是冷战结

---

① "吴外长说中葡都关心非洲人民发展民族经济，希望通过和平方式解决东帝汶问题"，《人民日报》，1984年11月19日。

束后发挥了不可低估的作用。中国是联合国五大常任理事国之一，在联合国内具有重大的国际影响力，冷战后我们一直重视联合国在维护世界和平与安定方面所起到的作用。对于维和行动，中国的主张是："联合国维和行动应遵守《联合国宪章》的宗旨和原则，特别是尊重主权和不干涉内政的原则；维和行动应事先征得当事国同意，严守中立以及除自卫外不得使用武力；应坚持以斡旋、调解、谈判等和平手段解决争端，不应动辄采取强制性行动，不能实行双重标准，不能借联合国之名进行军事干涉；应坚持实事求是，量力而行，不在条件不成熟时实施维和行动，更不应使之成为冲突一方，偏离维和的根本方向"。① 事实上，通过外交努力，东帝汶维和问题不仅没有阻碍中国、印尼关系的发展，相反在很大程度上促进了两国关系的改善，是中国外交的成功之举。

首先在联合国审议东帝汶问题时，中国坚定支持以联合国为主导向东帝汶派遣维和部队，同时还反复强调尊重印尼的国家主权。中国常驻联合国副代表就指出"中国对两点表示关注，一是多国部队的维和行动应由联合国授权，二是多国部队在执行任务时需与保持合作"；"案文起草前，中国向提案国表示案文应强调尊重印尼的主权和领土完整，最后案文也包括了这一内容"。② 对于"人道主义干涉"与东帝汶问题，时任国家主席江泽民在接受法国《费加罗报》采访时指出，"中国政府和人民不赞成以人道主义危机为借口任意干涉一个国家的内政，更反对在未经安理会授权的情况下以武力进行所谓人道主义干预"；"应政府的邀请，联合国安理会作出决定，向东帝汶派遣了多国部队。我们希望东帝汶问题能在联合国框架内尽快得到妥善解决"。③ 这一系列发言都表明了中国尊重国家主权，要求在联合国的框架内解决地区冲突的主张，避免了科索沃型国际干涉在东亚的照搬，也尊重和维护了印尼的国家利益。

在决定参加东帝汶维和行动的过程中，中国表现出十分慎重的态度。在联合国安理会决定向东帝汶派遣维和部队（INTERFET）的第二天，中国就表明了派遣维和民事警察的态度。但中国对维和部队的派遣地的选择是十分谨慎的，中国维和民事警察的派遣地不是印尼反对的INTERFET，而是东帝汶过渡行政当局

---

① 中华人民共和国国务院新闻办公室：《2000年中国的国防》，《人民日报》，2000年10月17日。

② 《中国常驻联合同副代表表示我赞成向东帝汶派多国部队》，《人民日报》，1999年9月18日。

③ "江泽民接受法国《费加罗报》采访就国内外重大问题发表重要看法并阐述我原则立场"，《人民日报》，1999年10月26日。

（UNTAET），这在一定程度上打消印尼的顾虑。另外在派遣时机的选择上中国也是经过考虑的。1999年10月19日，印尼人民协商会议通过了允许东帝汶独立的决定。次日，瓦希德当选印尼第四任总统。瓦希德总统上台后，将中国作为第一个访问国，于12月1日到3日对中国进行正式访问，与江泽民主席会谈，表明了印尼对中国的重视，也表明了我们在东帝汶问题上的正确反应。2000年1月24日，东帝汶独立革命阵线领袖古斯芒访华，中国政府宣布向东帝汶提供5000万人民币无偿援助。中国在2000年1月12日派出维和民事警察，在时间上正处于这两次访问之间，这样的安排显示出中国的深思熟虑。

中国的这一系列安排受到了印尼舆论的好评。瓦希德总统指出"中国同印尼在经济及技术领域的合作前景广阔，双方可以成为很好的伙伴"。[1]印尼信息发展问题研究中心（CIDES）所长希达雅（Hidayat）此前一直反对华人控制印尼经济，这时他也撰文称"加强同亚洲各国的关系是重要且必要的，这是构筑雅加达与北京轴心关系的开始"。[2]上述事实表明印尼对中国在东帝汶问题的合理反应的肯定。同时，在瓦希德总统访华的过程中，中国也表明了对其政权的支持以及对加强两国友好的重视。江泽民主席表示"我们支持瓦希德阁下领导的印尼政府在维护国家统一和领土完整方面所做的努力，印尼的稳定与繁荣有利于本地区的和平与发展，希望印尼继续在本地区事务中发挥积极作用，并继续为促进中国与东盟的合作做出贡献"。[3]在联合公报中双方就双边合作、人权问题、反弹道导弹条约、联合国的作用等问题都达成了广泛的共识。由此可见，通过对东帝汶维和问题的合理反应，中国的观点得到了印尼的赞同，推动了中国、印尼关系的发展，维护了东亚地区的和平与稳定。

不仅如此，2001年3月，外经贸部孙广相副部长率首个中国政府代表团访问东帝汶，中国同意再向东帝汶提供3000万人民币无偿援助，用于建造东帝汶外交与合作部大楼。虽然中国的援助金额不及西方国家，但在发展中国家中，中国的援助是最大的。[4]这显示出中国政府十分重视发展与东帝汶的关系。此外，中

---

①　Gus Dur akan Keliling ASEAN dan Cina, Republika, 1999年10月25日。

②　Moh Jumhur Hidayat Membangun Kembali Poros Jakarta-beijing, Kompas, 1999年10月8日。

③　"江泽民主席与印尼总统瓦希德会谈，双方一致同意建立和发展长期稳定的睦邻互信全面合作关系"，《人民日报》，1999年12月2日。

④　李开胜、周琦：《中国与东帝汶关系的历史、现状及前景》，《东南亚纵横》，2004年2月。

国还积极为两国建立正式外交关系作准备。2000年9月20日，中国在东帝汶首都帝力建立代表处，邵关福任代表。与此同时，东帝汶也十分重视同中国的关系。独立运动领导人夏纳纳·古斯芒多次访问中国大陆和澳门。东帝汶方面表示，一俟东帝汶正式独立，就和中国建立正式外交关系。

第三节　双边关系全面发展

1999年8月东帝汶举行全民公决并脱离印尼后，中国与东帝汶交往逐步增多。2001年9月中国在帝力设立大使级代表处。2002年5月20日东帝汶宣告独立，中国于当日与东帝汶建立外交关系。建交以来，两国相互尊重，相互支持，睦邻友好合作关系一直保持健康稳定的发展势头。东帝汶一贯坚持一个中国政策，在涉及中国核心利益的问题以及其他国际事务中给予中国坚定支持。

首先，政治互信不断加强。2002年5月20日，中国外交部部长唐家璇率领中国政府代表团参加了独立仪式，中国领导人江泽民、李鹏、朱镕基也分别致信祝贺。当天，中国与东帝汶建立正式外交关系，中国成为与东帝汶建交的第一个国家。东帝汶在建交公报中"承认世界上只有一个中国，中华人民共和国政府是代表全中国的唯一合法政府，台湾是中国领土不可分割的一部分，承诺不与台湾建立任何形式的官方关系或发生任何官方往来"。[①]在此之前，台湾当局千方百计地试图与东帝汶建立关系。2002年4月17日，台湾当局领导人陈水扁与台湾有关当局负责人简又新双双电贺夏纳纳·古斯芒当选东帝汶总统。5月20日，台湾有关当局负责人再次致电东帝汶，表示"建交"意愿，但遭到了回绝。中国与东帝汶的建交表明，东帝汶在台湾问题上的立场是明确的、坚定的。两国建交挫败了台湾当局的图谋，具有重大的意义。

2002年12月16日，东帝汶国务兼外交与合作部长奥尔塔访华，与唐家璇外长举行了会谈。唐外长表示中国将继续积极参与联合国在东帝汶的工作，并为东帝汶提供力所能及的帮助。奥尔塔表示东帝汶高度重视对华关系，感谢中国的无私帮助，发展两国在基础设施、医疗卫生、油气勘探和农业等方面的合作。奥尔塔重申，东帝汶政府将继续恪守一个中国的政策。奥尔塔还访问了上海，并与中

---

① 中国日报网，2002年5月20日。

国总理朱镕基会见。东帝汶十分重视与中国澳门的传统经贸合作，2003年6月，奥尔塔访问澳门，并与澳门特区行政长官何厚铧就澳门与东帝汶在旅游、经贸及运输多个领域的合作广泛交换了意见。此外，2002年7月，东帝汶国防军总司令塔乌尔·马坦·鲁瓦克（Taur Matan Ruak）一行访华，鲁瓦克在与中央军委副主席、国务委员兼国防部长迟浩田会见时重申了东帝汶支持中国一个中国政府的立场，表示要促进两国、两军之间的合作。党际交往方面，2002年10月，东帝汶独立革命阵线代表团访华。中国是东帝汶独立革命阵线在东帝汶执政后第一个出访的国家，雷斯副秘书长表示愿与中国共产党建立和发展全面的友好合作关系，以推动两国各个领域的友好关系不断巩固和发展。2003年6月28日，中共中央对外联络部副部长蔡武率领中共代表团回访东帝汶，东帝汶总统予以会见，表示要不断加强同中国的合作，强调东帝汶坚持一个中国的原则，支持中国用"一国两制"方针实现国家统一。

2003年9月，温家宝总理与来华访问的东帝汶总理马里·阿尔卡蒂里举行会谈，对进一步发展中国与东帝汶关系提出"三点建议"：一、加强两国高层交往，进一步增进政治互信；二、拓展互利合作，加强双边经贸合作的制度建设，逐项落实双方在重点领域的合作项目；三、加强在地区和国际事务中的合作，相互支持、相互配合。阿尔卡蒂里对此予以积极回应，表示愿意加强与中国在政治、经贸、油气勘探和卫生等领域的合作。两国政府签署了《中华人民共和国和东帝汶民主共和国贸易协定》等6个合作文件，阿尔卡蒂里还会见了胡锦涛主席。东帝汶方面十分希望学习和借鉴中国的发展经验。阿尔卡蒂里在与温家宝总理会谈时仔细询问了中国改革开放的情况，并特意访问了上海，表示希望学习上海吸引外资的经验和扩大与上海的经贸合作。阿尔卡蒂里总理此次访华有力地推动双边合作关系的发展。①

东帝汶总统奥尔塔等领导人多次强调，东帝汶高度重视发展对华关系，感谢中国对东帝汶独立和发展事业提供的巨大支持和帮助，并表示东帝汶将始终恪守一个中国政策，台湾是中国领土不可分割的一部分，东帝汶与台湾没有任何关系，台湾在东帝汶没有任何代表处，将来也不会有。在涉藏问题上，东帝汶也坚定奉行同样的政策立场。认为"任何国家在一个中国政策上犹疑，都是危险

---

① 新华网，2003年9月17日。

的"。① 值得提及的是，中国四川汶川特大地震发生后，东帝汶向中国提供了一笔50万美元的捐款，这是该国独立后首次向外国政府提供捐赠，体现了东帝汶人民对中国人民的深情厚谊。2010年，奥尔塔总统分别就中国青海玉树地震、洪涝泥石流灾害造成重大人员和财产损失致函胡锦涛主席表示慰问。②

2012年5月，胡锦涛主席特别代表、全国政协副主席王志珍赴东帝汶出席东帝汶独立十周年庆典和总统就职仪式。5月，东帝汶外长科斯塔来华进行工作访问。2013年11月，东帝汶副总理拉萨马出席中国—葡语国家经贸合作论坛第四届部长级会议开幕式，汪洋副总理予以会见。

应李克强总理的邀请，东帝汶民主共和国总理夏纳纳·古斯芒于2014年4月6日至14日对中国进行正式访问并出席博鳌亚洲论坛2014年年会。随夏纳纳总理出访的代表团阵容庞大，包括外交与合作部长古特雷斯、财政部长皮雷斯等9名部长级官员及前总理、欧库西经济特区特别代表阿尔卡蒂里，这充分体现了东帝汶对发展同中国关系的重视。习近平主席会见了夏纳纳总理，双方回顾了2002年5月20日两国建交以来双边关系取得的积极进展，就建立中东睦邻友好、互信互利的全面合作伙伴关系达成重要共识。两国领导人一致决定，将双边关系提升为睦邻友好、互信互利的全面合作伙伴关系，秉承传统友好，深化互利合作，携手共同发展。在两国总理会晤中，李克强总理强调，中方一贯主张国家无论大小、强弱、贫富，都应在相互尊重、平等互利基础上求合作、谋发展。中国和东帝汶同属发展中国家，都面临发展经济、改善民生、向贫困宣战的任务。中方愿与东帝汶一道努力，深化农业、能源、人文等各领域务实合作，使两国关系发展成不同幅员、文化、制度国家友好相处的典范。并指出，中国提出建设"21世纪海上丝绸之路"的战略构想，东帝汶是重要的一站。中方愿与包括东帝汶在内的海上邻国共同推进"海上丝绸之路"建设，探讨务实合作，实现共同发展。夏纳纳表示，中国为促进亚洲和世界的和平与发展发挥了重要作用。东帝汶视中国为东亚最重要的合作伙伴，感谢中国长期以来为东帝汶民族独立和国家发展提供的宝贵支持，愿借鉴中国的发展经验，进一步扩大两国友好互利合作，积极参与"21世纪海上丝绸之路"建设，为推进葡语国家与中国的合作发挥积极作用。会谈后，两国总理共同见证了双边经济技术、旅游等领域有关合作文件的签署。双

---

① 人民网，2010年2月25日。

② 人民网，2010年2月25日。

方还发表了《关于建立睦邻友好、互信互利的全面合作伙伴关系联合声明》。①

2017年5月，东帝汶规划与战略投资部部长夏纳纳率领高级别代表团，出席在北京举行的"一带一路"合作谅解备忘录，标志着两国合作迈上了新的历史台阶。同年5月，习近平主席特使、全国人大常委会副委员长张平赴帝力出席东帝汶新总统卢奥洛就职仪式和东帝汶恢复独立15周年庆典，并会见卢奥洛总统等东帝汶领导人。

其次，经贸合作日益拓展。中国和东帝汶经贸合作尚在起步阶段，两国贸易增长迅速。2010年，双边贸易额达4308万美元，中国成为东帝汶第四大贸易伙伴。2014年前为6000万美元，较上年增长26.5%。中国对东帝汶主要出口商品包括服装箱包、日用百货、机电产品、建筑材料等。自东帝汶进口商品主要是咖啡、橡胶、姜黄等。两国政府还签署了《贸易协定》和多项经济技术合作协定。2002年8月，中国石油天然气股份有限公司与东帝汶政府就东帝汶油气勘探开发签署了合作谅解备忘录。另一方面，2008年初，中国政府给予东帝汶278种原产东帝汶的商品出口中国零关税待遇。2010年7月1日起，中国政府再次决定给予原产于东帝汶等33个最不发达国家的95%商品出口中国零关税待遇，商品涵盖家禽家畜、水产品、未加工或初加工的农产品、矿产品、药材、生活日用品、塑料制品、皮革、木材、纺织品、服装制成品、玻璃制品、钢材及其制品、机电产品、家具等，多数都是最不发达国家近年来有实际出口或潜在出口能力的商品。但东帝汶出口产品单一，主要出口产品为咖啡，且出口量很少。随着免关税措施的正式实施，东帝汶未来的许多商品将以零关税进入中国市场，给东帝汶经济发展提供良好机遇，给东帝汶人民带来实惠，也将有利于降低中国企业的进口成本，拓宽进口渠道，推动双边贸易持续健康发展，进一步加强中国与东帝汶之间互利合作友好关系。

此外，双方在工程承包领域的合作也卓有成效。截至2013年底，中国企业在东帝汶累计签订工程承包合同总额5.1亿美元。2010年6月，东帝汶向中方购买的两艘总价值为2800万美元的巡逻艇交付东帝汶使用。2008年由中国企业中核第22建设公司中标的东帝汶国家电网项目是东帝汶建国迄今最大的政府投资项目，已于2010年1月开工建设，目前北部电网已经通电，南部电网正在实施。

---

① 新华网，2014年4月9日。

随着东帝汶局势的进一步稳定，越来越多的中国公司、商人来东投资兴业，在商业、旅店业、建筑业、零售业等领域逐渐崭露头角。

第三，援建项目成效显著。中国始终关注和支持东帝汶的重建和发展事业，一直在安理会维护东帝汶的正当权益，支持有利于东帝汶稳定和发展的各项决议，并积极参与联合国驻东帝汶机构的工作。中国对东帝汶的合作与援助着眼于提高东帝汶自主和可持续发展的能力，与东帝汶人民分享中国发展带来的成果与机遇。中方迄今共向东帝汶派遣了14批、近300人次的维和警察参与联合国的维和行动。中国援建并已落成投入使用的东帝汶外交部办公楼和总统府两个成套项目，目前已成为首都帝力的地标性建筑。2010年，中国援建的100套军人住宅、国防部和国防军司令部办公楼、小学校等项目亦相继开工。为支持东帝汶政府的人力资源建设，迄今已有860余名东帝汶公务员和技术人员赴华接受培训，涉及众多发展领域。每年中国政府还向东帝汶提供数名奖学金名额，迄今已有26名学生赴华学习。中国也特别关注东帝汶民生发展事业，援东杂交水稻示范种植项目取得可喜成果，为东帝汶增强粮食自给能力发挥了积极作用。此外，迄已派出的7批中国医疗队共90余名医生，为16万余名当地患者提供医疗救治服务。不仅如此，中国还多次向东帝汶提供粮食等物资援助。根据东帝汶政府的需要，中国政府先后向东帝汶赠送了农机具、农药、渔具、蚊帐、警服、警用通讯器材等多批物资。还在东帝汶发生粮食危机时，三次向东帝汶提供共计8000吨大米和50吨食用油等紧急人道主义援助，并向东帝汶提供一批抗疟药品等。2011年，根据东帝汶政府的要求，中国向东帝汶赠送5000吨大米和5万条毛毯。2012年，根据东帝汶政府要求，中国向东帝汶赠送安全检测设备9台套。

第四，在国际和地区事务中保持良好的沟通和协调。中、东两国在多边领域相互理解，相互支持，共同维护发展中国家的正当权益。作为安理会常任理事国，中国始终关注和支持东帝汶重建和发展事业，一直在安理会维护东帝汶的正当权益，支持有利于东帝汶稳定和发展的各项决议，并积极参与联合国驻东帝汶机构的工作。双方在联合国等国际组织中保持良好合作关系，在多个国际组织或机构竞选中相互予以支持。

第十章 年轻岛国 前景广阔

第一节 新生国家 历经磨难

16世纪前，帝汶岛曾先后由以苏门达腊为中心的室利佛逝王国和以爪哇为中心的麻喏巴歇（满者伯夷）王国统治。1512年，葡萄牙殖民者入侵帝汶岛。1613年，荷兰势力侵入，于1618年在西帝汶建立基地，排挤葡势力至东部地区。18世纪，英国殖民者曾短暂控制西帝汶。1816年，荷兰恢复对帝汶岛的殖民地位。1859年，葡、荷签订条约，重新瓜分帝汶岛。帝汶岛东部及欧库西归葡，西部并人荷属东印度（今印度尼西亚）。1942年日本占领东帝汶。第二次世界大战后，澳大利亚曾一度负责管理东帝汶，不久后，葡萄牙恢复对东帝汶的殖民统治，1951年将东帝汶改为葡萄牙海外省。1960年，第15届联合国大会通过1542号决议，宣布东帝汶岛及附属地为"非自治领土"，由葡萄牙管理。

1974年4月25日，葡萄牙爆发"武装部队运动"推翻了独裁政权，葡萄牙开始民主化和非殖民化进程。1975年葡萄牙政府允许东帝汶举行公民投票，实行民族自决。主张独立的东帝汶独立革命阵线（简称"革阵"）、主张同葡维持关系的民主联盟（简称"民盟"）、主张同印尼合并的帝汶人民民主协会（简称"民协"）三方之间因政见不同引发内战。"革阵"于1975年11月28日单方面宣布东帝汶独立，成立东帝汶民主共和国。同年12月，印尼出兵东帝汶，1976年宣布东帝汶为印尼第27个省。1975年12月联合国大会通过决议，要求印尼撤军，呼吁各国尊重东帝汶的领土完整和人民自决权利。此后联合围大会多次审议东帝汶问题。1982年联大表决通过支持东帝汶人民自决的决议。从1983年至1998年，在联合同秘书长斡旋下，葡萄牙与印尼政府就东帝汶问题进行了十几轮谈判。

1999年1月，印尼总统哈比比同意东帝汶通过全民公决选择自治或脱离印尼：5月5日，印尼、葡萄牙和联合国三方就东帝汶举行全民公决签署协议。6月11日，联合国安理会通过决议成立联合国驻东帝汶特派团（UNAMET），于8月30日主持东帝汶全民公决。东帝汶45万登记选民中，约44万人参加了投票，其中78，5%赞成独立。哈比比总统当日表示接受投票结果。投票后亲印尼派与独立派发生流血冲突，东帝汶局势恶化，联合国特派团被迫撤出，约20多万难民逃至西帝汶。9月，哈比比总统宣布同意多国部队进驻东帝汶。安理会通过决议授权成立由澳大利亚为首、约8000人组成的多同部队，并于9月20日正式进驻东帝汶，与印尼驻军进行权力移交。10月，印尼人民协商会议通过决议正式批准东帝汶脱离印尼。同月，安理会通过第1272号决议，决定成立联合同东帝汶过渡行政当局（UNTAET，简称联东当局），全面接管东帝汶内外事务。

1999年11月，东帝汶成立具有准内阁、准立法机构性质的全国协商委员会（NCC），2000年7月成立首届过渡内阁，2001年8月举行制宪议会选举，9月15日成立制宪议会和第二届过渡内阁，2002年4月举行总统选举，东帝汶独立运动领袖夏纳纳·古斯芒当选。2002年5月20日，东帝汶民主共和国正式成立。东帝汶民主共和国是本世纪第一个新生国家。[①]

第二节　国家重建　任重道远

尽管东帝汶独立了，但由于局势长期动荡不安，派系斗争绵延不断，东帝汶人民饱受动乱之苦，生活不得安宁，经济建设停滞不前，东帝汶重建工作十分繁重，被联合国开发计划署列为亚洲最贫困国家和全球20个最落后的国家之一。[②]总体而言，作为年轻国家，东帝汶正处于百业待兴状态。主要问题是：

第一，经济发展落后。该国国民经济以农业为主，80%的人口生活在农村地区，农村地区适龄劳动人口40%处于失业状态，东帝汶全国劳动人口失业率为4.4%，青年（15~24周岁）失业率为13.3%。根据东帝汶政府公布的《2015年国家预算报告》，2014年东帝汶名义国内生产总值（GDP）（不含石油收入）为15.52亿美元，初步预计比上年增长7%。但高增长未带来快发展，经济稳定的基础不牢，粮食安全问题远未解决。

第二，基础设施落后，粮食不能自给，没有工业体系和制造业基础。2010

---

① 商务部、驻东帝汶使馆经商处：对外投资合作国别（地区）指南——东帝汶（2015年版），第2页，2015年10月。

② 商务部、驻东帝汶使馆经商处：对外投资合作国别（地区）指南——东帝汶（2015年版），第14页，2015年10月。

年，东帝汶政府颁布国家2011—2030年中长期战略发展规划。2012年8月，东帝汶第五届宪法政府履职后，采取积极务实的经济发展政策，国家建设步伐逐步加快，道路、机场、码头、市政、通讯、农业设施等项目得以着手规划实施。2015年2月，东帝汶第六届宪法政府就职后，承诺继续实施前任政府的战略规划，向人民提供高质量的服务，打造"有效、高效、负责"的政府。

第三，经济结构单一。该国约80%的财政收入来源于油气收入。截至2014年底，东帝汶石油基金滚存至约165亿美元，为国家发展提供了坚实基础，推动经济持续保持增长势头。但经济严重依赖石油收入的这种单一经济结构短期内难有改观，南部石油城建设依然任重道远，民众缺乏谋生手段的现状依旧，高失业率、高文盲率和高通胀率的"三高"问题严重阻碍了东帝汶经济的持续发展。

2009年以来，东帝汶政局较平稳，社会治安状况持续好转。在石油产业的推动下，国民经济稳步发展。2010年，东帝汶政府颁布国家2011—2030年中长期战略发展规划。2012年8月，东第五届宪法政府履职后，采取积极务实的经济发展政策，国家建设步伐逐步加快，道路、机场、码头、市政、通讯、农业设施等项目得以着手规划实施，为外来投资创造更有利的环境。2015年2月，东第六届宪法政府就职后，承诺继续实施前任政府的战略规划，向人民提供高质量的服务，打造"有效、高效、负责"的政府。①

近年来，东帝汶呈现出快速发展之势。依托不断增长的石油基金，东帝汶大力加强教育、卫生和基础设施建设，全国电网、帝力国际机场、深水港、高标准公路等大型基础设施项目陆续上马，首都帝力的面貌日新月异。东帝汶政府制定了《2011—2030战略发展规划》，重点发展农业、旅游业、石油工业，目标在2030年达到中高收入国家水平。可以预见，随着东帝汶石油收入的稳步增长和国家中长期战略发展规划的逐步实施，东帝汶未来一段时间将有可能进入较快发展期。

第三节　两国友好 前景可期

中国人民和东帝汶人民之间传统友谊深厚。东帝汶是古代"海上丝绸之路"的重要一站。早在14世纪，中国就已从东帝汶输入檀香木，善于经营的华人成

---

① 商务部、驻东帝汶使馆经商处：对外投资合作国别（地区）指南——东帝汶（2015年版），第14页，2015年10月。

为有史可稽的最早来帝汶岛进行贸易的商人。到19世纪初，东帝汶已形成一个华人社会。值得指出的是，在中国与东帝汶关系史上，由于中国澳门与东帝汶都曾同为葡萄牙殖民地，澳门成为中国与东帝汶交往的一个重要桥梁。澳门与东帝汶是葡萄牙在远东仅保有的两个殖民地，且都面积不大，因此曾合并管理。由于东帝汶较澳门落后，澳门一度成了东帝汶的教育、文化甚至贸易中心，东帝汶的总督也由澳门的葡萄牙总督兼任，直至20世纪初才各自为政。在1940年以前，澳门的主教也是东帝汶的主教，葡萄牙、澳门、东帝汶的传教士经常往来于三地之间。由于两地间存在如此密切的政治、经济、文化联系，澳门的居民很自然地到东帝汶寻求贸易机会，留居在东帝汶的华人华侨也越来越多，从而成为中国东帝汶关系之间的一条重要纽带。在东帝汶走向独立的过程中，中国发挥了积极作用。[①] 2002年5月20日，东帝汶正式宣布独立，中国外交部部长唐家璇率领中国政府代表团参加了独立仪式，中国领导人江泽民、李鹏、朱镕基也分别致信祝贺。当天，中国与东帝汶建立正式外交关系，中国成为与东帝汶建交的第一个国家。中国东帝汶建交十多年来，两国相互尊重，相互支持，睦邻友好合作关系一直保持健康稳定的发展势头。双方在经济、教育、医疗卫生、农业等各领域的交流与合作硕果累累。

另一方面，东帝汶正式独立后，开始奉行一种与所有大国交好的均衡外交政策，发展对华关系亦被视为对外政策的重要内容之一。东帝汶一贯坚持一个中国政策，在涉及中国核心利益的问题以及其他国际事务中给予中国坚定支持。中国作为政治大国，是联合国五个常任理事国之一，为东帝汶的独立发挥积极的作用，两国之间不存在任何的厉害冲突。东帝汶要继续获得国际社会的认可和帮助，来自中国的支持是必需的，也是最令它放心的。同时，中国还是一个不断发展的经济大国，向东帝汶提供了一些力所能及的援助，双边经贸合作也正在逐渐开展，这些因素都有利于东帝汶国内经济的恢复与重建。此外，东帝汶还十分看重中国改革开放，特别是吸引外资方面的经验。东帝汶领导人访华时都不忘了到上海去访问，就是看中了上海雄厚的经济实力与吸引外资、开展经济建设方面的经验。最后，东帝汶还与中国澳门之间存在历史上的传统联系，这种联系有利于东帝汶各方面的发展，为东帝汶方面所珍视。这些因素决定了东帝汶将长期奉行

---

① 李开胜、周琦：《中国与东帝汶关系的历史、现状及前景》，《东南亚纵横》，2004年2月。

对华友好政策。①毫无疑问，随着东帝汶加入东南亚国家联盟、亚太经济合作组织等国际组织，中国与东帝汶之间在双边、多边基础上的多领域、多层次合作关系将得到进一步的发展。相信随着两国政治互信进一步增强，各领域交流合作不断深入，人员往来更加频繁，两国关系的明天必将更美好。

---

① 李开胜、周琦：《中国与东帝汶关系的历史、现状及前景》，《东南亚纵横》，2004年2月。

附　录

东帝汶大事记年表

1515年：葡萄牙殖民者从弗洛勒斯岛的基地首次登临欧库西。历佛（Lifau）湾成为葡萄牙间接殖民统治的首个中心据点。

1653年：荷兰占领古邦（西帝汶），并排挤葡势力至东部地区。

1701年：安东尼奥·科埃略·格雷罗成为葡萄牙驻东帝汶的首任总督。

1769年：帝力成为葡属东帝汶的首都。

1844—1896年：葡属东帝汶归澳门总督管制。葡属澳门总督兼任葡属东帝汶总督。

1908—1913年：首次爆发反对葡萄牙殖民统治的起义。由唐·博阿文图拉·达科斯塔·索托在萨姆和凯撒·克鲁兹在欧库西领导发动。

1942—1945年：日本占领东帝汶；葡萄牙殖民当局仍坚持在帝力办公。

1959年：二战之后的反殖民主义运动：维克克反抗。70名东帝汶抵抗运动的成员被葡萄牙流放到安哥拉的比耶省。

1974年4月25日：葡萄牙终结萨拉查的统治。马尔塞罗·卡埃塔诺流亡巴西。

1975年12月7日：印尼开始占领东帝汶。

1975年12月：葡萄牙驻东帝汶末任总督莱莫斯·皮雷斯离开了阿陶罗岛（1975年8月27日他带领700人的军队在那里避难），并由印尼亲善地送回葡萄牙。

1991年11月12日："圣克鲁斯墓地大屠杀"事件（在帝力的印尼军警向一批送葬者开枪，杀死多达200余人）成为独立运动的转折点，这应归功于国际媒体和电视新闻对这场大屠杀的报道，它令东帝汶问题再次引起国际关注。

1999年1月27日：印尼总统哈比比宣布同意东帝汶通过全民公决选择自治或脱离印尼。

1999年8月30日：在联合国主持下，东帝汶成功举行了全民公决投票，78.5%的东帝汶居民赞成独立。

1999年9月20日：联合国驻东帝汶多国部队正式进驻东帝汶。1999年10月22日多国部队进驻欧库西。

1999年9月27日：印尼驻军正式将防务权移交给联合国并从西帝汶撤军。但在"黑九月"大约40万人（其中15万东帝汶人和25万迁徙者）被印尼军队驱离东帝汶。

2000年4月30日：首次有示威者试图谋害夏纳纳和拉莫斯·奥尔塔（Ramos-Horta），一枚手榴弹投掷到帝力体育馆的入口处。

2001年3月7日：联合国东帝汶过渡行政当局的汽车和一座清真寺在包考被焚毁；2001年3月12日，维克克自1999年9月以来第一次发生重大骚乱，大面积房屋被烧毁而且发生大规模的屠杀；类似事件也于2001年5月25日发生在奎里艾（Quelieai），2001年5月30日发生在包考的巴路（Kota Baru）。暴民们于2001年6月15日焚毁了历史悠久而又具有高度象征意义的帝力中心市场，意图阻止科摩罗市场的建造。

2001年7月15日：选举的竞选活动首先从帝力开始，其中东帝汶独立革命阵线的集会大约有1.5万人参加。7月17日，拉莫斯·奥尔塔（Ramos-Horta）和东帝汶的记者协会组织了一场政党会议。所有政党在2001年8月25日与马里·阿尔卡蒂里、夏纳纳和德梅洛会面。

2001年7月21日：东帝汶基督教民主联盟在包考举行一场闭门会议，会议由党主席维森特·达席尔瓦·戈麦斯组织。二号人物阿维里诺·希梅内斯是党的书记员。两位领导人都是在Bagia出生。2001年8月1日在包考（Baucau），东帝汶独立革命阵线组织了一场集会。

2001年7月25日：梅加瓦蒂·苏加诺普特丽当选为印度尼西亚共和国总统，取代了阿卜杜拉赫曼·瓦希德总统。

2001年8月11—12日：马里·阿尔卡蒂里和古特雷斯·卢奥洛，在欧库西开始了东帝汶独立革命阵线的竞选活动。8月11日，东帝汶民主联盟在帝力组织竞选活动。

2001年8月28日：结束竞选活动。

2001年8月30日：举行选举以产生由88人组成的东帝汶制宪会议（75个由国家级选举产生，13个由地区级选举产生）。

2002年3月22日：东帝汶制宪会议通过《东帝汶民主共和国宪法》。

2002年4月14日：东帝汶举行总统选举，夏纳纳获得80%以上的选票，成为东帝汶正式独立后的第一任总统。

2002年5月20日：庆祝独立日。詹姆斯·邓恩（2003）说过，东帝汶的独立结束了漫长的苦难史，象征着一个圆满的结局，"它为我们的国际体系留下了弥足珍贵的教训。"联合国秘书长科菲·安南、印度尼西亚总统梅加瓦蒂、葡萄牙总统桑帕约、澳大利亚总理霍华德、莫桑比克总统若阿金·希萨诺、美国前总统克林顿等90多个国家的领导人和政府官员参加了独立典礼。东帝汶人民为赢得独立付出了巨大的代价，但由于现场安全的原因，不能都来参加庆典，偏远地区由于电视和广播信号的覆盖率不高也不能及时了解庆典情况。

（资料来源：韩林（Jean A.Berlie）：《东帝汶政治与选举（2001—2006）》，东南亚研究，2007年第1期特刊，第74—75页）

中国—东帝汶大事件（2002—2015年）

2002年

中华人民共和国与东帝汶关系在2002年揭开新的篇章。5月20日，东帝汶民主共和国正式成立。江泽民主席、李鹏委员长和朱镕基总理分别致电古斯芒总统、卢奥洛议长和阿尔卡蒂里总理表示祝贺，唐家璇外长代表中国政府出席东帝汶独立庆典。同日，唐外长与奥尔塔外长签署建交公报，两国建立大使级外交关系，为发展各领域友好合作关系奠定了坚实基础。中国成为首个与东帝汶建交的国家。

建交以来，两国在政治、经贸等领域的交流与合作初见成效。中国支持东帝汶加入联合国及其他国际组织，积极支持联合国在东帝汶工作，并先后向联合国驻东帝汶机构派遣了7批共178名民事警察和官员。东帝汶坚决奉行一个中国政策，支持中国统一大业。12月，奥尔塔外长访华，朱镕基总理予以会见，唐家璇外长与其会谈。中国领导人再次祝贺东帝汶建国，表示相信东帝汶在全体人民的努力和国际社会的支持下，将克服暂时困难，在国家建设和社会发展中取得成就。中国将尽己所能为东帝汶提供帮助，发展互利互惠合作，支持东帝汶的国家建设事业。奥尔塔对此表示感谢，希望两国发展全面友好合作关系。此外，东帝汶国防军司令鲁瓦克准将、执政党独立革命阵线副秘书长若泽·雷斯先后访华。

中国石油天然气国际有限公司与东帝汶政府签署在东帝汶合作勘探开发石油天然气的协议。双方还签订了多项经济技术合作协定。中方向东帝汶无偿赠送了渔具、农机等物资，并为东帝汶公务员提供培训。

2003年

2003年，中华人民共和国与东帝汶民主共和国的关系继续保持良好发展势头。

东帝汶总理阿尔卡蒂里9月17~22日来华进行正式访问，此系东帝汶独立以来首位领导人访华。国务院总理温家宝与阿举行会谈，国家主席胡锦涛和全国人大常委会委员长吴邦国分别会见。中国领导人祝贺东帝汶建国后在民族和解、社会稳定和经济发展方面取得的成就，重申中方愿本着相互尊重、平等互利的原则发展与东帝汶的关系，继续支持东帝汶国家建设。阿尔卡蒂里感谢中方的支持和帮助，希望进一步加强东帝汶与中国的友好合作关系，并重申东帝汶政府将一如既往地坚持一个中国的政策。

两国各领域交流不断增多。6月，中联部副部长蔡武率中共代表团首次访东，东帝汶外长奥尔塔访问澳；10月，东帝汶发展与环境部副部长希门斯赴澳门出席首届"中国—葡语国家经贸合作论坛（澳门）"；11月，东帝汶执政党——独立革命阵线副总书记雷斯率高级干部考察团访华。

两国经贸合作逐步展开。两国政府签署了贸易协定和经济技术合作协定等文件，双方在油气资源开发、农业和渔业等重点领域的合作协定等文件，双方在油气资源开发、农业和渔业等重点领域的合作取得积极进展。

中国继续支持联合国在东帝汶的工作，共向东帝汶派出维和民警194人次。应中国外交部邀请，联合国驻东帝汶支助团团长夏尔玛11月来华进行工作访问。

2004年

2004年，中华人民共和国与东帝汶民主共和国的关系取得显著进展。

东帝汶国民议会议长卢奥洛8月26日至9月6日访问中国，并出席第三届亚洲政党国际会议。全国人大常委会委员长吴邦国、副委员长热地以及全国政协副主席罗豪才分别会见，就进一步发展双边关系、加强两国政党和议会交流与其深入交换意见。夏纳纳总统来华度假（9月）；阿尔卡蒂里总理来华出席《商业周刊》第八届首席执行官论坛（11月）。此外，内政部长洛巴托访华，国务兼部长会议事务部长佩索阿、教育部长马亚分别来华出席联合国亚太经社会第60届会议和亚洲远程教育国际会议。

12月，东帝汶国务兼外交与合作部长奥尔塔访华并主持东帝汶驻华使馆开馆仪式。

两国在经贸、卫生等领域的合作顺利开展。两国政府签署了《经济技术合作协定》，中国石油天然气股份有限公司与东帝汶政府联合勘探东帝汶陆地油气资源的合作取得积极进展。中国卫生部年初向东帝汶派出12人医疗队，为当地居民提供医疗服务。

中国继续积极参与联合国在东帝汶的工作，迄今共向东帝汶派出维和民警200多人次。联合国驻东帝汶支助团团长长谷川11月来华进行工作访问。

2005年

2005年，中华人民共和国与东帝汶民主共和国的关系取得新的进展。

11月，东帝汶总统夏纳纳来京出席2005年全球工商领导人论坛，国家副主席曾庆红会见。3月，东帝汶发展和环境部长西门内斯访澳门并出席"中国与葡语国家经贸合作论坛"常务秘书处第二次会议；8月，司法部长萨尔门托访华，国务委员兼公安部长、最高人民法院院长、最高人民检察院检察长分别会见，司法部长吴爱英与其举行会谈；10月，东帝汶首任驻华大使布兰科向胡锦涛主席递交国书。

两国在经贸、卫生等领域的合作进一步扩大。两国政府签署了《经济技术合作协定》。中方驻东帝汶医疗队继续在当地提供医疗服务。

中国积极参与联合国在东帝汶的工作，继续向东帝汶派出民事警察和官员。

2006年

2006年，中华人民共和国与东帝汶民主共和国的关系保持良好发展。两国经贸、军事、卫生等领域合作不断扩大。

2月，东帝汶国防部长罗克·费利克斯·德·热苏斯·罗德里格斯访华，中央军委副主席、国务委员兼国防部长曹刚川上将会见。9月，东发展部长阿尔坎若·达·希尔瓦赴澳门出席"中国与葡语国家经贸合作论坛"第二届部长级会议，商务部部长会见。

双边贸易额增势迅猛，2006年，两国贸易额达16 758万美元。双方签署经济技术合作协定；中方向东帝汶提供了大米、药品等援助。两国再次签署关于派遣中国医疗队赴东帝汶工作的议定书，中国医疗队继续在当地提供医疗服务。

5月底，东帝汶骚乱升级，中国派专机从东帝汶撤离200多名侨民。

中国积极支持联合国在东帝汶的工作，准备向东帝汶增派民事警察和官员。

2007年

2007年，中华人民共和国与东帝汶民主共和国的关系继续发展。

2007年8月，东帝汶产生新一届政府，新政府表示愿进一步加强与中国的友好合作关系。中国领导人和外长致电祝贺东帝汶新任领导人和外长就职。11月30日，中国与东帝汶建交五周年纪念招待会在京举行。

2007年，两国签署经济技术合作协定。中方向东帝汶提供了大米等援助。中方援建的东帝汶外交部办公楼竣工在即，总统府办公楼动工兴建。中国医疗队继续在当地提供医疗服务。

中国政府积极支持联合国在东帝汶的工作，继续向东帝汶派出维和警察和军事联络官。

2008年

2008年，中华人民共和国与东帝汶民主共和国的关系继续保持良好发展势头。

1月，中国外交部副部长武大伟访东，会见东总理夏纳纳、副总理古铁雷斯、议长拉萨马、革阵总书记阿尔卡蒂里。5月，东民主党总书记、政府农业和渔业部长萨比诺率执政联盟代表团访华。7月，革阵副主席巴诺率革阵干部考察团访华。8月，东总统奥尔塔来京出席奥运会开幕式，国家主席胡锦涛会见。

2008年，两国签署经济技术合作协定。中方向东帝汶提供了大米、药品等援助。中方援建的东帝汶外交部办公楼已交付东方使用，总统府办公楼竣工在即。中国医疗队继续在当地提供医疗服务。

中国政府积极支持联合国在东帝汶的工作，继续向东帝汶派出维和警察和军事联络官。

东帝汶政府就四川汶川特大地震灾害向中方提供援助。

2009年

2009年，中华人民共和国与东帝汶民主共和国的友好关系继续发展。10月，东帝汶总理夏纳纳访华并出席第十届西部博览会，国务院总理温家宝会见。6月，东帝汶外长科斯塔访华，国家副主席习近平会见，外交部长杨洁篪与科斯塔举行会谈。同月，卫生部长马丁斯访华，卫生部长陈竺会见。2009年，中方援建的东帝汶外交部办公楼、总统府办公楼正式交付使用。中方向东帝汶提供了3000万元人民币无偿援助，并陆续向东提供大米、药品及培训支持。中国医疗队继续在当地提供医疗服务。中国政府积极支持联合国在东帝汶的工作，继续向东帝汶派出维和警察和军事联络官。

2010年

2010年，中华人民共和国与东帝汶民主共和国关系稳步向前发展。双方高层交往不断。7月，东帝汶总统拉莫斯·奥尔塔来华出席上海世博会东帝汶国家馆日活动。11月，奥尔塔总统出席在澳门举行的中—葡语国家经贸合作论坛第三届部长级会议；东帝汶副总理古特雷斯来华出席广州亚运会开幕式。10月，东帝汶总理夏纳纳·古斯芒出席上海世博会高峰论坛及闭幕式。4月，若泽·路易斯·古特雷斯副总理来华出席博鳌亚洲论坛并访问湖北省。中国对东帝汶援助成效显著，各项目进展顺利，乡村小学项目开工建设。中国医疗队继续在当地提供医疗服务。中国政府积极支持联合国在东帝汶的工作，继续向东帝汶派出维和警察和军事联络官。

2011年

2011年，中华人民共和国与东帝汶民主共和国关系继续保持良好发展态势。6月，全国政协副主席、前澳门特区行政长官何厚铧，商务部副部长蒋耀平分别访问东帝汶。9月，全国政协副主席李金华访问东帝汶；东帝汶总统拉莫斯‘奥尔塔应邀赴南宁出席亚洲政党专题会议开幕式。10月，国防部外事办公室主任钱利华少将访问东帝汶；东帝汶国民议会议长、民主党主席费尔南多·拉萨马·德·阿劳若来华访问。中国对东帝汶援助成效显著，中方援建的小学校项目竣工，第二期杂交水稻技术合作进展顺利，各项目有序推进。中国医疗队继续在当地提供医疗服务。中国政府积极支持联合国在东帝汶的工作，继续向东帝汶派遣维和警察和军事联络官。

2012年

2012年是中华人民共和国与东帝汶民主共和国建交十周年，两国关系继续保持良好发展态势。5月，国家主席胡锦涛特别代表、全国政协副主席王志珍出席塔乌尔·马坦·鲁瓦克总统就职典礼、东帝汶独立十周年庆典以及中国和东帝汶建交十周年庆祝活动；东帝汶外交部长扎卡利亚斯·阿尔巴诺·达·科斯塔来华工作访问。东帝汶政府同意新华社在东帝汶设立分社。中国对东帝汶援助成效显著，各项目有序推进。中方积极帮助东帝汶提高能力建设，共为东帝汶培训142名各类学员。中国医疗队继续在当地提供医疗服务。中国政府积极支持联合国在东帝汶的工作，中国维和警察顺利结束在东帝汶的维和任务。

2013年

2013年，中华人民共和国与东帝汶民主共和国双边关系继续保持良好发展态势。11月，国务院副总理汪洋在澳门会见来华出席中国—葡语国家经贸合作论坛第四届部长级会议的东帝汶副总理费尔南多·拉萨马'德阿劳若。中国对东帝汶援助成效显著，各项目有序推进。中方积极帮助东帝汶提高能力建设，共为东帝汶培训112名政府公务员和技术人员。中国、美国、东帝汶三方农业合作取得积极进展。中国医疗队继续在当地提供医疗服务。两国人文交流顺利推进。东帝汶—中国友好协会在东帝汶首都帝力成立。中国继续向东帝汶提供政府奖学金名额。

2014年

2014年，中华人民共和国和东帝汶民主共和国正式建立睦邻友好、互信互利的全面合作伙伴关系，两国关系发展进入新的历史阶段。4月，东帝汶总理凯·拉拉·夏纳纳·古斯芒对中国进行正式访问并出席博鳌亚洲论坛2014年年会。其间，国家主席习近平、全国人大常委会委员长张德江在北京分别会见，国务院总理李克强在海南三亚为夏纳纳举行欢迎仪式并同其会谈。两国政府共同发表《中华人民共和国和东帝汶民主共和国关于建立睦邻友好、互信互利的全面合作伙伴关系联合声明》。外交部长王毅同东外交部长古特雷斯共同签署《中华人民共和国外交部和东帝汶民主共和国外交部关于加强合作的谅解备忘录》和《中华人民共和国政府和东帝汶民主共和国政府关于互免持外交、公务护照人员签证的协定》。11月，东国防军司令蒂穆尔来华出席"香山论坛"。10月，东前总统若泽·拉莫斯·奥尔塔访华。两国经贸合作取得新成果。中方支持东帝汶发展建设，继续通过无偿援助、优惠贷款、优买信贷等形式对东经济发展提供帮助。4月，两国签署《中华人民共和国政府和东帝汶民主共和国政府经济技术合作协定》。中方同意向东方提供1亿元人民币无偿援助。中方宣布向东方提供1.5亿美元优惠买方出口信贷，用于实施帝力国际机场和市政排涝项目。东方明确表态支持中方建设21世纪海上丝绸之路，积极通过经贸合作提升两国互联互通水平。两国农业合作逐步进入商业合作阶段，中美东三方农业合作取得阶段性成果。两军交流与合作不断深入，东方积极评价中国警察参与东帝汶维和行动，欢迎双方开展执法交流合作。双方在军舰互访、人员培训、军工军贸等方面开展合作。两国人文交流领域合作不断加强。双方签署《中华人民共和国国家旅游局和东帝汶民主共和国旅游部合作谅解备忘录》，中方将鼓励更多游客赴东旅游。中方将东来华留学生政府奖学金名额从每年3人增至20人。两国议会、政党、地方、媒体、智库间交流合作逐步加强。

2015年

2015年，中华人民共和国和东帝汶民主共和国关系顺利发展并取得一定突破，各领域交流合作不断扩大。

两国高层交往日益密切，政治互信不断深化。4月，中国全国人大常委会副委员长陈竺访问东帝汶，分别会见东总统塔乌尔·马坦·鲁瓦克和总理鲁伊·玛丽亚·德·阿劳若，同东国民议会议长维森特·达·席尔瓦·古特雷斯举行会谈。9月，鲁瓦克总统来华出席中国人民抗日战争暨世界反法西斯战争胜利70周年纪念活动，东前总统若泽·拉莫斯·奥尔塔和东外交与合作部长埃尔纳尼·菲洛梅纳·科埃略·达席尔瓦一同来华出席纪念活动。其间，习近平主席会见鲁瓦克总统，外交部长王毅、外交部副部长刘振民分别会见科埃略外长。5月，东前总统奥尔塔以联合国维和行动评审专家小组主席身份访华。7月，中国新任驻东帝汶大使刘洪洋向鲁瓦克总统递交国书。

两国党际交流与合作不断深入。5月，中共中央对外联络部副部长陈凤翔访问东帝汶，分别会见东总理阿劳若、大会党主席凯·拉拉·夏纳纳·古斯芒、独立革命阵线总书记阿尔卡蒂里。10月，东独立革命阵线总书记阿尔卡蒂里、外交与合作部长科埃略来华出席亚洲政党丝绸之路专题会议。

两国经贸合作取得新成果。中国支持东帝汶发展建设，继续通过无偿援助、优惠贷款、优买信贷等形式对东经济发展提供帮助。9月，鲁瓦克总统来华出席中国人民抗日战争暨世界反法西斯战争胜利70周年纪念活动期间，习近平主席宣布中国将继续向东帝汶提供1亿元人民币无偿援助。中国和东帝汶就国家粮仓和粮食加工厂援助项目达成一致，中国、美国和东帝汶三方就继续在东实施农业合作二期项目保持良好沟通。12月，东首个使用中国优买信贷实施的帝力市政排涝项目贷款协议顺利签署。

两国在国防、教育、卫生、旅游等领域交流与合作不断深入。10月，东帝汶国防部长克里斯托弗访华并出席第六届"香山论坛",双方就中国海军护航编队访问东达成一致。东来华留学生政府奖学金名额继续增加,中国援东医疗队继续在东提供医疗服务。6月,《中华人民共和国政府和东帝汶民主共和国政府互免持外交、公务护照人员签证的协定》正式生效。

(资料来源:中华人民共和国外交部政策规划司编:《中国外交》(2003—2016年版),世界知识出版社。)

参考文献

参考书目

1. 安朴. 檀香与鳄鱼——走进东帝汶. 四川大学出版社，2012-07.

2. 韩林(Jean A. Berlie). 东帝汶政治与选举——2001—2006. 东南亚研究，2007年增刊.

3. 王文奇. 被塑造的小角色——东帝汶走向民族国家的进程（1974—2002）. 吉林大学硕士论文，2007-04.

4. 孔庆榛. 葡萄牙殖民帝国的兴衰. 历史教学，1990-06.

5. 评论：东帝汶独立路漫漫. 生活时报，1999-10-04.

6. 温北炎. 东帝汶问题的来龙去脉. 东南亚研究，1999-06.

7. 张洁. 荆棘与鲜血之路通向何方？东南亚研究，1999-06.

8. 唯莹. 一发动全身——东帝汶全民公决对印尼政局的影响. 世界纵横，1999-10.

9. 鲁虎. 东帝汶问题的由来与演变. 世界历史，2000-02.

10. 桂久强. 东帝汶事件后印尼澳关系走向及其影响. 东南亚研究，2000-02.

11. 归钦. 东帝汶—印尼间的几多恩恩怨怨. 中国经济周刊，2000-03.

12. 绿依. 印尼军队如何卷入东帝汶骚乱事件的？国际展望，2000-08.

13. 20余年抗争 东帝汶的“独立之梦”. 南方网，2002-04-17.

14. 结束450年殖民统治 回顾东帝汶独立建国之路. 南方网，2002-05-26.

15. 鲁虎. 东帝汶天主教会的变迁及起影响. 世界历史，2003-01.

16. 鲁虎. 试论东帝汶民族的形成. 世界民族，2003-02.

17. 海燕. 年轻东帝汶面临的文化挑战. 文化论坛，2003-08.

18. 李开盛,周琦. 中国与东帝汶关系的历史、现状及前景. 东南亚纵横，2004-02.

19. ［日］山田满. 新生东帝汶所面临的课题. 南阳资料译丛，2004-03.

20. 吴琳. 小国大骚乱——东帝汶骚乱事件透析. 当代世界，2006-07.

21. 夏林. 亲历东帝汶骚乱事件. 大地，2006-12.

22. 王成安. 漫漫独立路 十年发展篇——东帝汶政治经济发展评述. 北京大学非洲研究丛书第四辑——亚洲国家发展研究，2006-11.

23. 东帝汶华人华侨概况. 中国侨网，2006-06.

24. 牛仲君. 中国参与东帝汶维和的原因及立场分析. 外交评论，2007-04.

25. 赵海建. 东帝汶：和平之路难平. 广州日报，2008-02-18.

26. 王文奇. 哈比比时期印政府改变对东帝汶政策原因解析. 长春师范学院学报，2008-03.

27. 东帝汶问题的客观剖析. 景德镇在线，2009-02-19.

28. 刘鹏. 冷战后澳大利亚对东帝汶政策评析. 东南亚研究，2009-02.

29. ［澳］埃里克·保罗. 澳大利亚对东帝汶政策. 东南亚之窗，2011-01.

30. Triggo. 东帝汶的历史. 新浪博客，2011-06.

31. 东帝汶：2011—2030国家发展战略规划目标. 中国驻东帝汶使馆，2011-08.

32. 中国同东帝汶关系. 外交部网站，2014-09.

33. 联合国与东帝汶：大事记，1960—1999//超级大本营. 军事论坛，2015-05-11.

主要网站

1.中华人民共和国驻东帝汶大使馆网站 http://tl.chineseembassy.Org/

2.中华人民共和国驻东帝汶大使馆经商处网站 http://tl@mofcom.gov.cn

3.中华人民共和国外交部网站 http://www.fmprc.gov.cn/chn/ Pds/ziliao/

4.中华人民共和国商务部网站 http://www.mofcom.gov.cn/

5.新华网 http://www.xinhuanet.com/

6.人民网 http://www.people.com.cn/

后　记

　　自2014年接受世界图书出版广东有限公司和北京大学东南亚学研究中心共同策划的《东南亚各国史纲》丛书的东帝汶分册撰写任务以来，本人就着手查找和整理相关资料，但由于东帝汶独立刚刚10余年，加上长期被国际社会忽视，因而历史资料匮乏，撰写此书难度相当大。期间，本人走访了东帝汶驻华使馆，他们向我介绍了一些情况，并提供了相关资料，给予本人不少帮助。与此同时，本人还参阅和借鉴了安朴先生等人的研究成果，最终撰写成此书。在此谨向东帝汶前驻华大使张芬霞女士及各位相关的专家学者致以最诚挚的谢意！

　　在撰写过程中，本书得到了北京大学梁志明教授和世界图书出版广东有限公司卢家彬副总经理的宝贵指导。程静编辑也为此书付出了不少精力。借此机会谨向他们表示衷心感谢！

　　由于本人水平有限，不妥和错误之处在所难免，恳请学术界各位专家和广大读者不吝批评指正。

著　者

2018年10月